hairspray

Music by
Marc Shaiman

Lyrics by
Scott Wittman
Marc Shaiman

ISBN 0-634-05910-6

HAL•LEONARD®
CORPORATION

7777 W. BLUEMOUND RD. P.O. BOX 13819 MILWAUKEE, WI 53213

In Australia Contact:
Hal Leonard Australia Pty. Ltd.
22 Taunton Drive P.O. Box 5130
Cheltenham East, 3192 Victoria, Australia
Email: ausadmin@halleonard.com

Visit Hal Leonard Online at
www.halleonard.com

CONTENTS

4   **Good Morning Baltimore**

11   **The Nicest Kids in Town**

17   **Mama, I'm a Big Girl Now**

24   **I Can Hear the Bells**

30   **It Takes Two**

35   **Welcome to the 60's**

43   **Run and Tell That**

50   **Big, Blonde and Beautiful**

60   **Timeless to Me**

66   **Without Love**

75   **I Know Where I've Been**

82   **You Can't Stop the Beat**

GOOD MORNING BALTIMORE

Music by MARC SHAIMAN
Lyrics by MARC SHAIMAN and SCOTT WITTMAN

Medium '60s Rock

hippopotamus

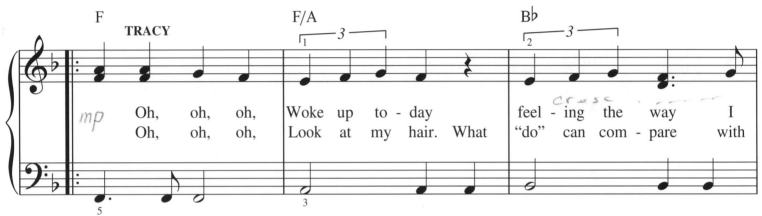

Oh, oh, oh, Woke up to-day feel-ing the way I
Oh, oh, oh, Look at my hair. What "do" can com-pare with

al-ways do. Oh, oh, oh, Hun-gry for some-thing that
mine to-day? Oh, oh, oh, I've got my hair-spray and

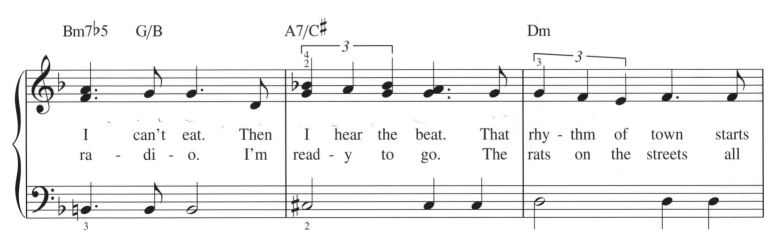

I can't eat. Then I hear the beat. That rhy-thm of town starts
ra-di-o. I'm read-y to go. The rats on the streets all

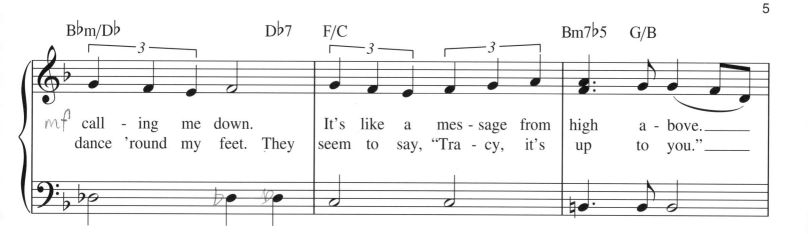

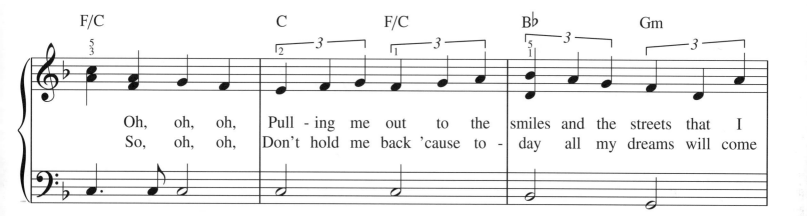

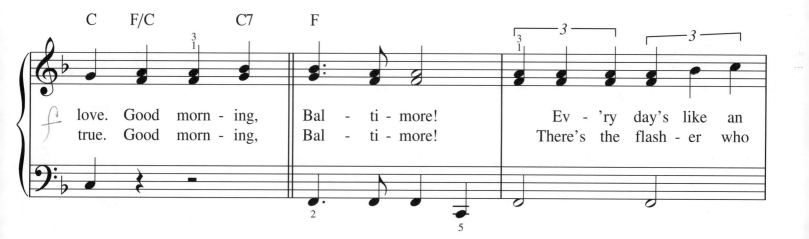

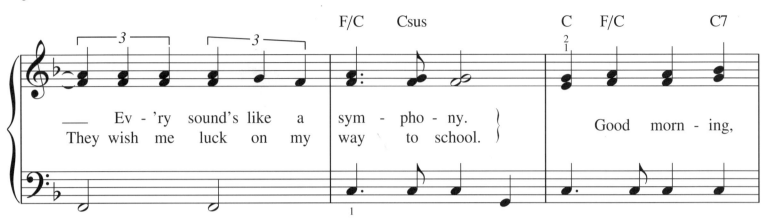

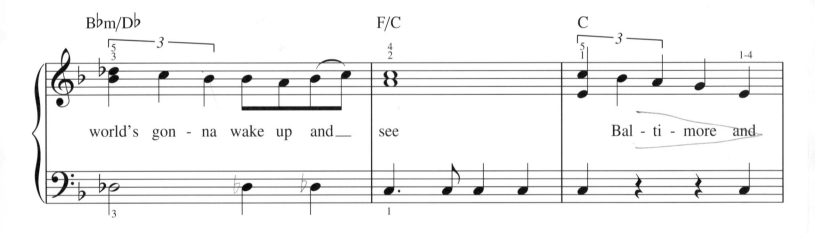

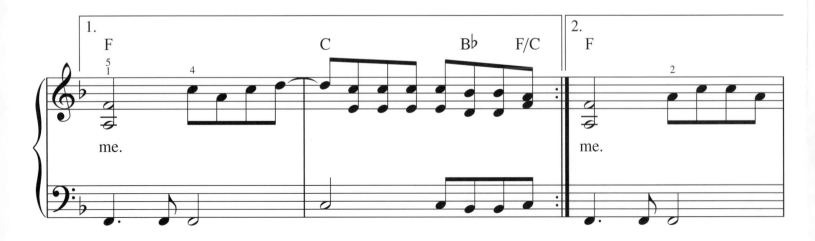

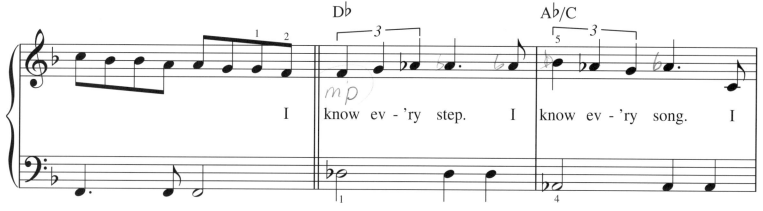

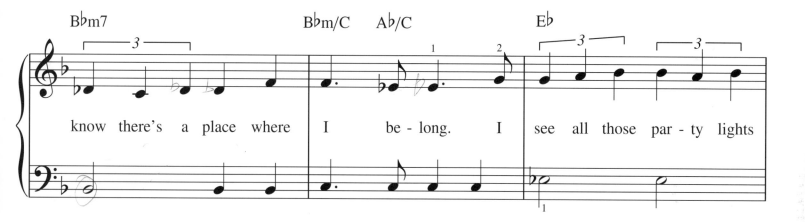

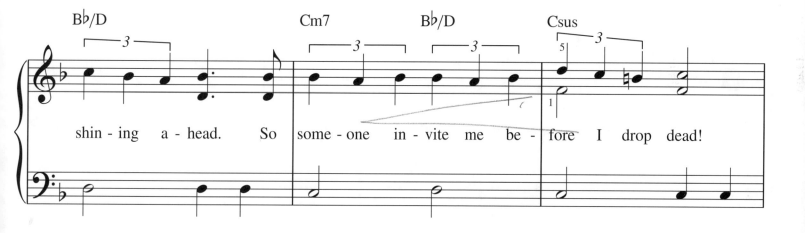

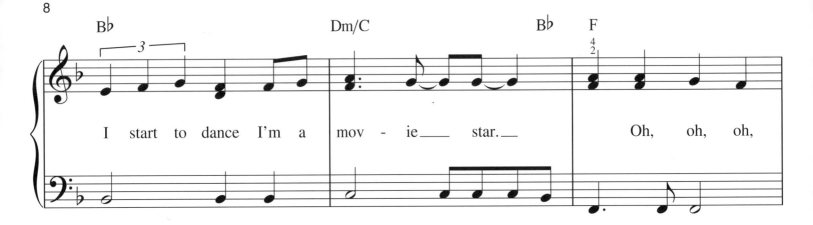

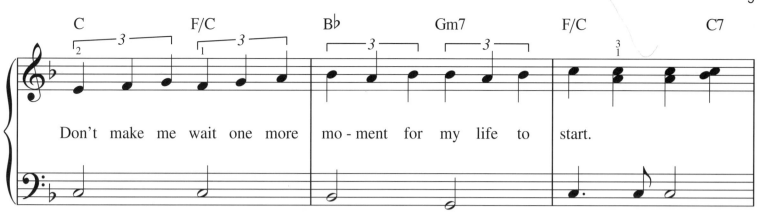

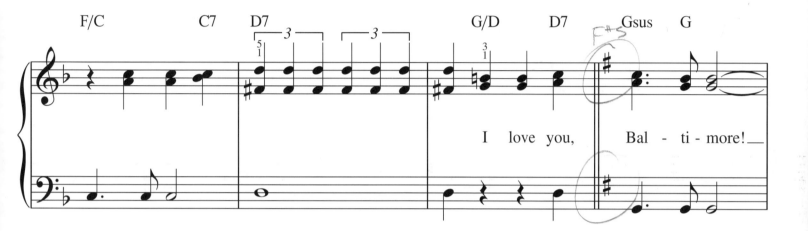

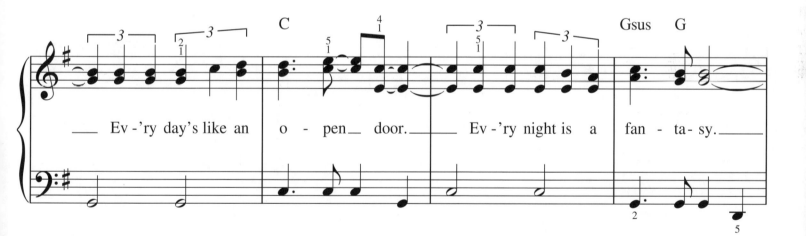

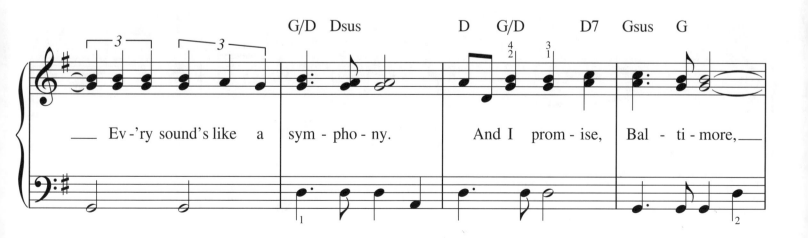

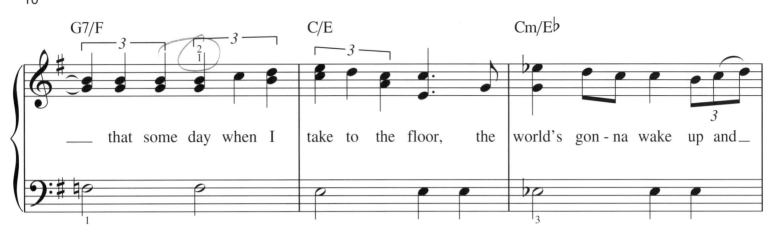

that some day when I take to the floor, the world's gon-na wake up and

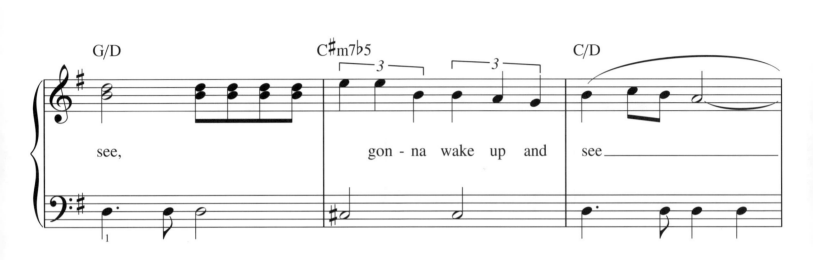

see, gon-na wake up and see

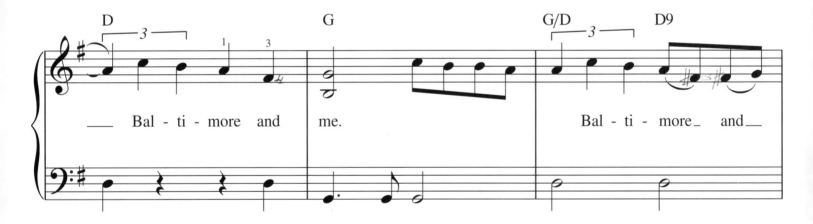

Bal - ti - more and me. Bal - ti - more and

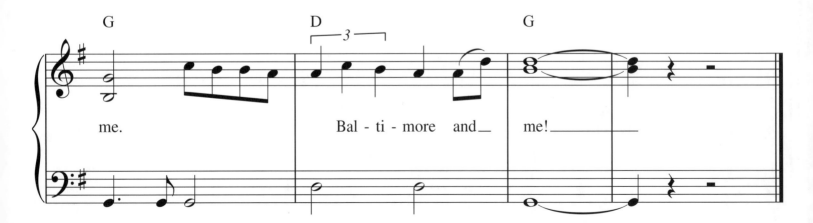

me. Bal - ti - more and me!

THE NICEST KIDS IN TOWN

Music by MARC SHAIMAN
Lyrics by MARC SHAIMAN and SCOTT WITTMAN

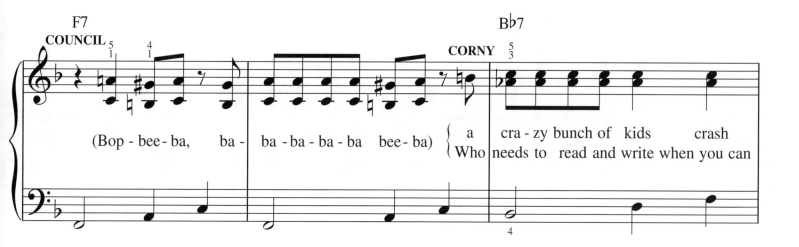

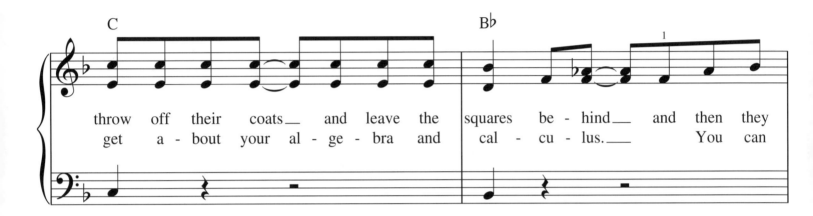

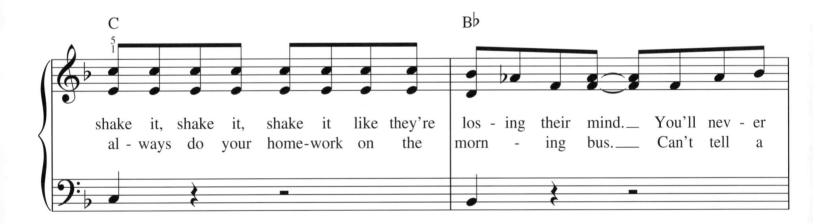

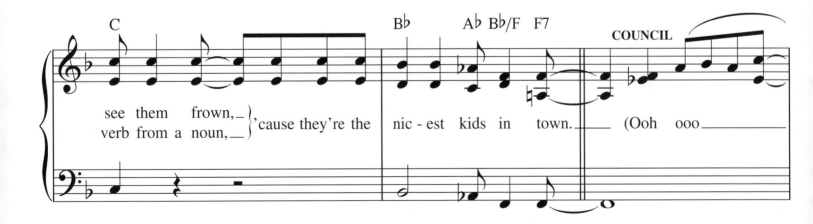

Cm7   F7   D7   **To Coda** ⊕

_____ oo.   Ooh ooh ooo)_____   So if

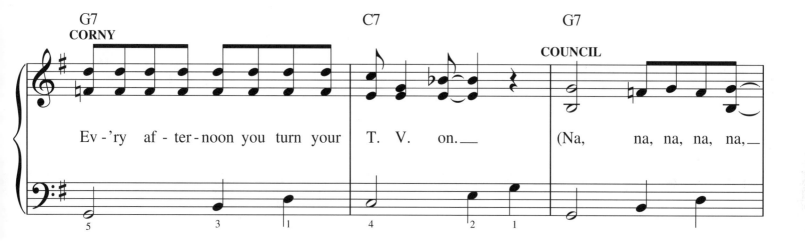

G7   C7   G7

CORNY   **COUNCIL**

Ev-'ry af-ter-noon you turn your   T. V.   on.___   (Na,   na, na, na, na,___

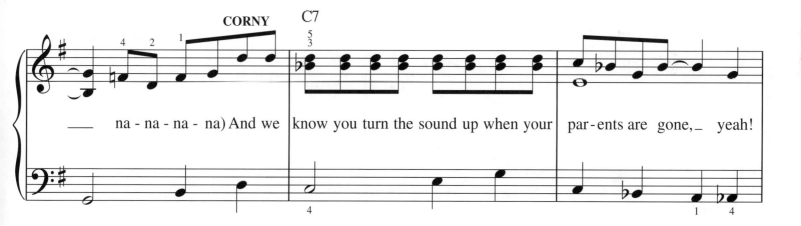

CORNY   C7

___ na-na-na-na) And we   know you turn the sound up when your   par-ents are gone,_ yeah!

G7   D

COUNCIL   **CORNY**

(Na   na, na, na, na,___   na-na-na) And then you   twist and shout_ for your

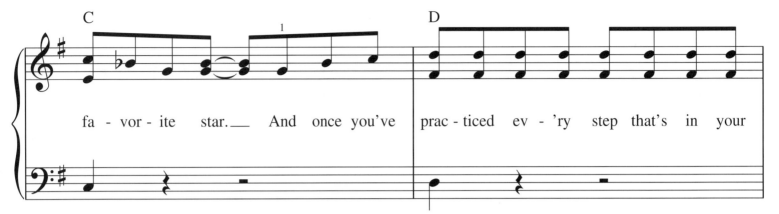

fa - vor - ite star.___ And once you've prac - ticed ev - 'ry step that's in your

rep - er - toire,_ you bet - ter come on down,_ and meet the nic - est kids in town._

Nice white kids who like to

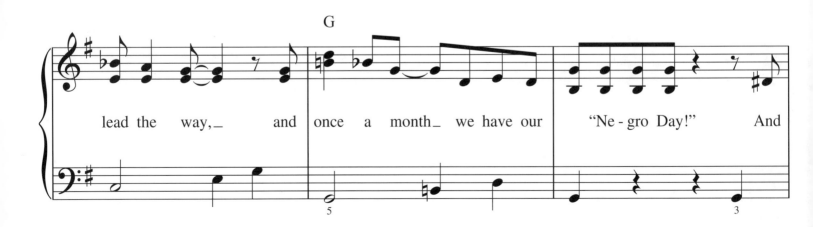

lead the way,_ and once a month_ we have our "Ne - gro Day!" And

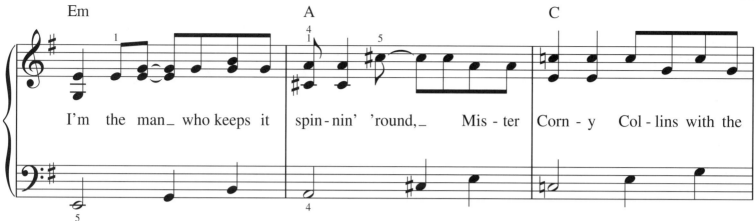

I'm the man_ who keeps it spin-nin' 'round,_ Mis - ter Corn - y Col - lins with the

lat - est great-est Bal - ti - more sound!

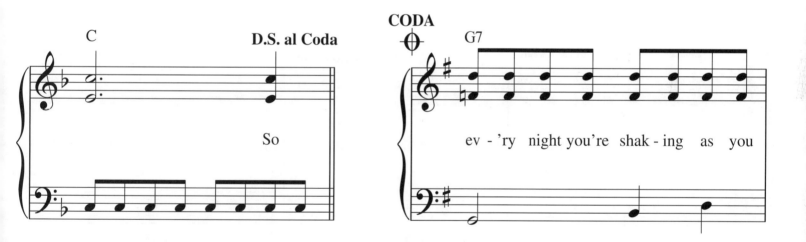

So ev - 'ry night you're shak - ing as you

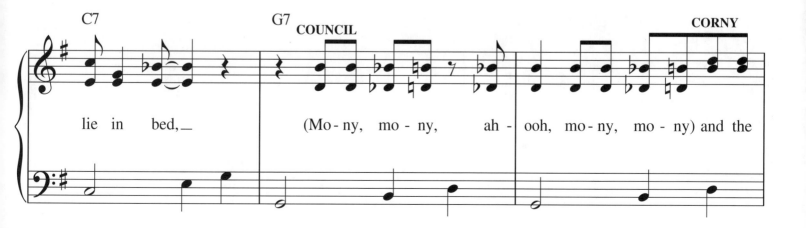

lie in bed,_ (Mo - ny, mo - ny, ah - ooh, mo - ny, mo - ny) and the

bass and drums_ are pound-ing in your head,_ (Mo - ny, mo - ny, ah-

ooh, mo - ny, mo - ny) who cares a-bout sleep_ when you can snooze in school?_ They'll

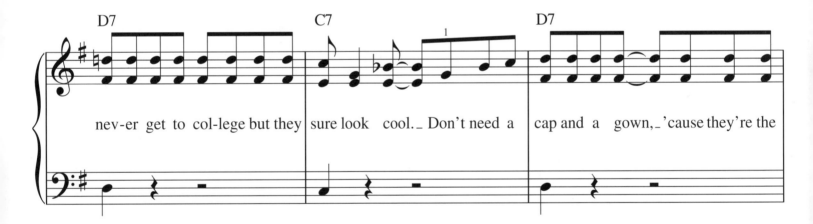

nev-er get to col-lege but they sure look cool._ Don't need a cap and a gown,_ 'cause they're the

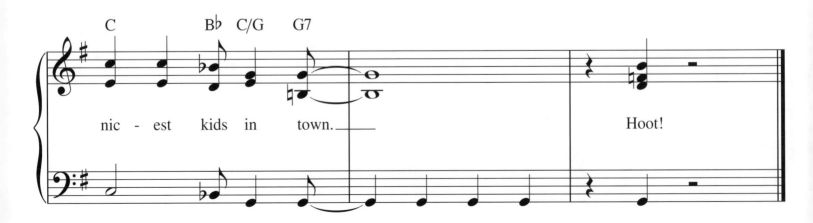

nic - est kids in town._____ Hoot!

MAMA, I'M A BIG GIRL NOW

Music by MARC SHAIMAN
Lyrics by MARC SHAIMAN and SCOTT WITTMAN

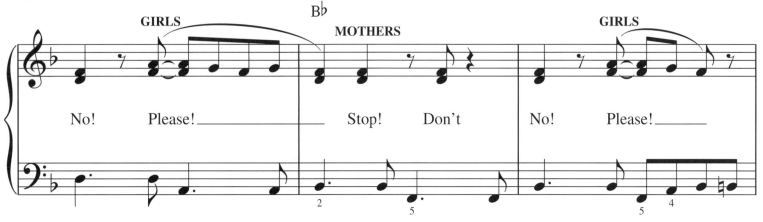

GIRLS

No! Please!_____ Stop! Don't No! Please!_____

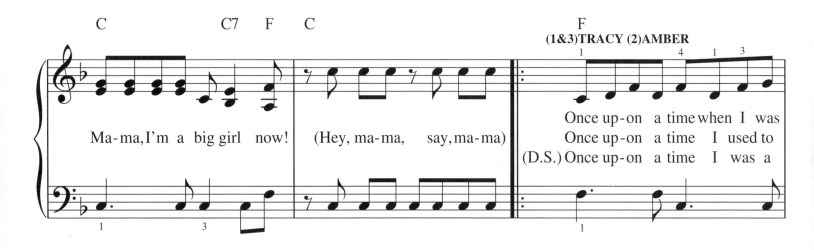

Ma-ma, I'm a big girl now! (Hey, ma-ma, say, ma-ma) (1&3)TRACY (2)AMBER

Once up-on a time when I was
Once up-on a time I used to
(D.S.) Once up-on a time I was a

just a kid,_____ you nev-er let me do just what the old-er kids did.__ But
play with toys,____ but now I'd rath-er play a-round with teen-age boys.____ So,
shy young thing.__ Could bare-ly walk and talk so much as dance and sing.____ But

To Coda

lose that laun-dry list of what you won't al-low,____
if I get a hick-ey, please don't have a cow,____ } 'cause ma-ma, I'm a big girl now!
let me hit the stage, I wan-na take my bow,____

19

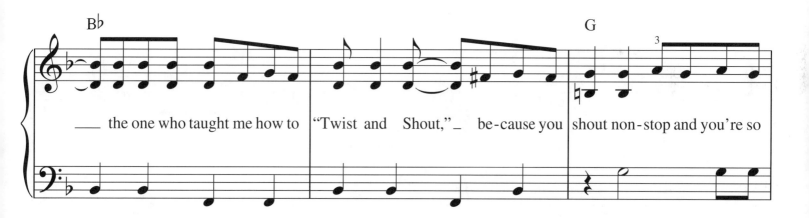

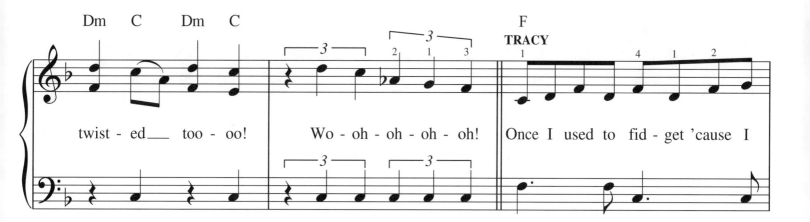

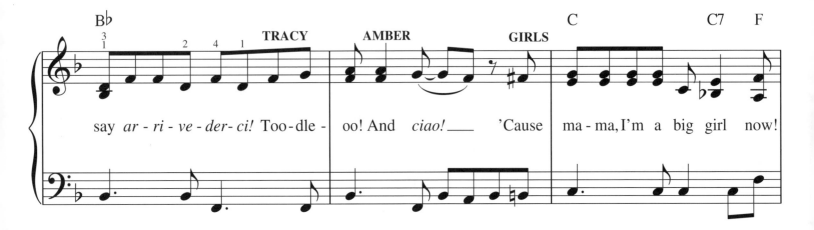

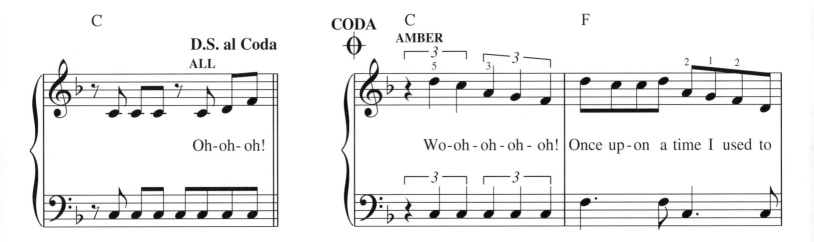

I don't need a Bar-bie doll to show me how,___ 'cause ma-ma, I'm a big girl now!

Ma,___ you al-ways taught me what was right from wrong, and now I

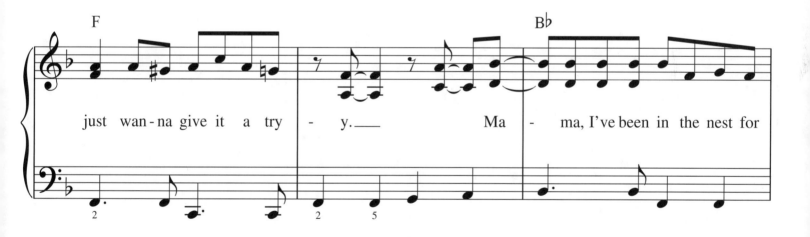

just wan-na give it a try - y.___ Ma - ma, I've been in the nest for

far too long.___ So please give a push, and ma - ma, watch me fly!___

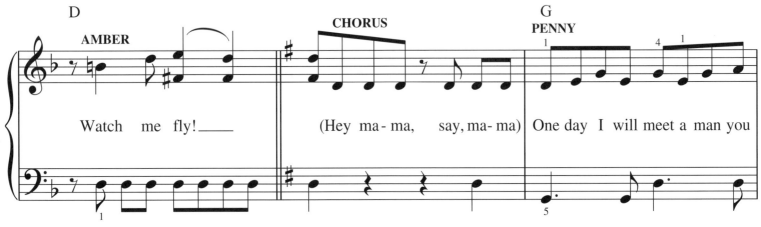

Watch me fly!____ (Hey ma-ma, say, ma-ma) One day I will meet a man you

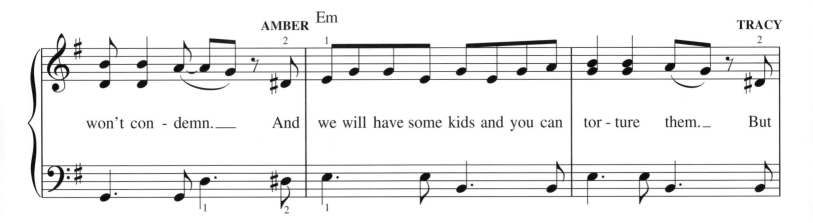

won't con-demn.____ And we will have some kids and you can tor-ture them.___ But

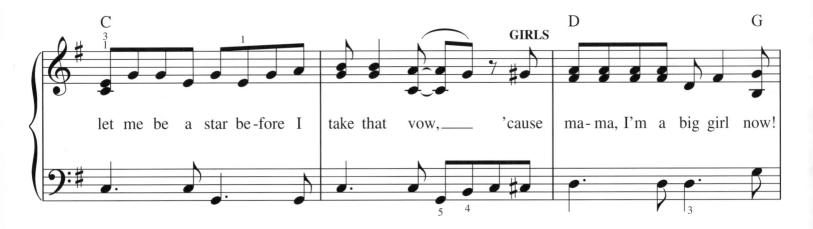

let me be a star be-fore I take that vow,____ 'cause ma-ma, I'm a big girl now!

Oh - oh - oh! Ma-ma, I'm a big girl now! Hey - hey - hey - hey - hey!

Ma - ma,_____ I'm a big girl! Ooh, such a big,___ big

girl! I'm a big girl now!_____ Oh - oh - oh -

oh oh._____ Oh - oh - oh - oh._____

_ Please!_____ Ma - ma, I'm a big girl now!

I CAN HEAR THE BELLS

Music by MARC SHAIMAN
Lyrics by MARC SHAIMAN and SCOTT WITTMAN

Slowly and freely

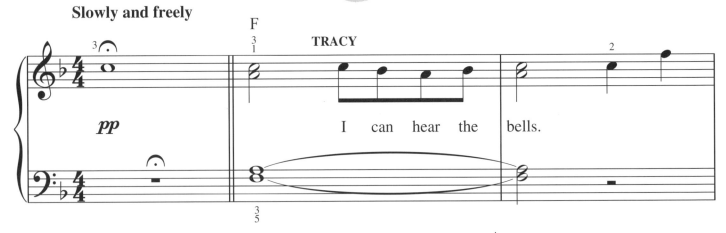

pp — TRACY — I can hear the bells.

Well, don't you hear 'em chime? Can't 'cha feel my

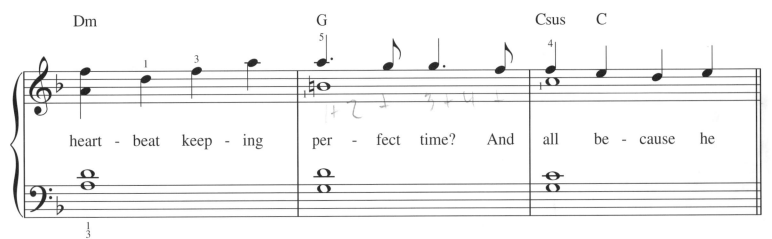

heart - beat keep - ing per - fect time? And all be - cause he

Moderate Rock beat

touched me. He looked at me and stared. Yes, he bumped me. My

Round one, he'll ask me on a date, and then round two, I'll

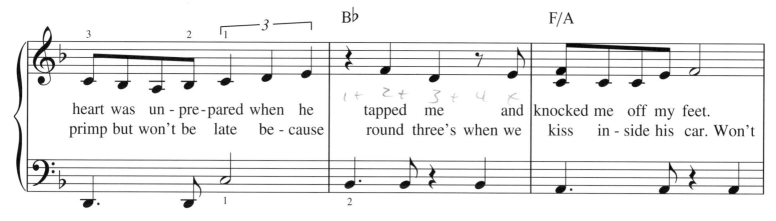

heart was un-pre-pared when he | tapped me and | knocked me off my feet.
primp but won't be late be-cause | round three's when we | kiss in-side his car. Won't

One lit-tle touch now my | life's com-plete.'Cause when he | nudged me, love
go all the way, but I'll | go pret-ty far. Then | round four, he'll

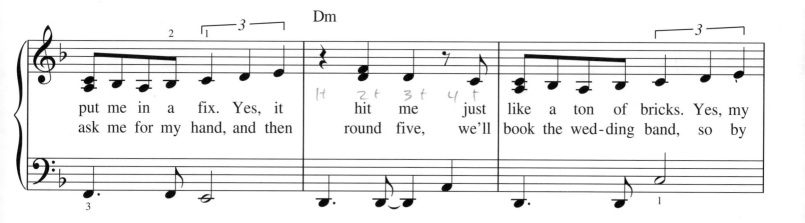

put me in a fix. Yes, it | hit me just | like a ton of bricks. Yes, my
ask me for my hand, and then | round five, we'll | book the wed-ding band, so by

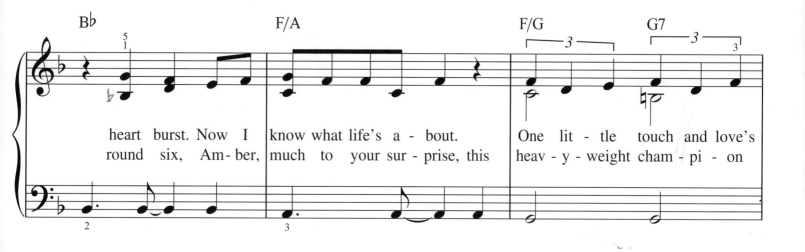

heart burst. Now I | know what life's a-bout. | One lit-tle touch and love's
round six, Am-ber, | much to your sur-prise, this | heav-y-weight cham-pi-on

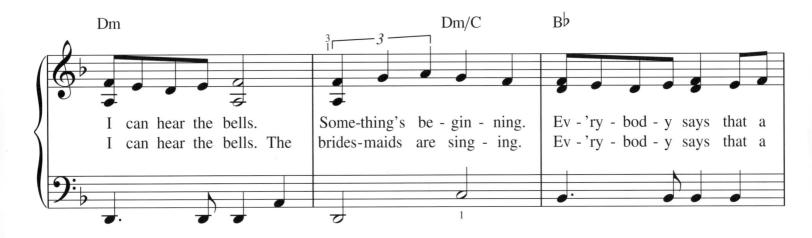

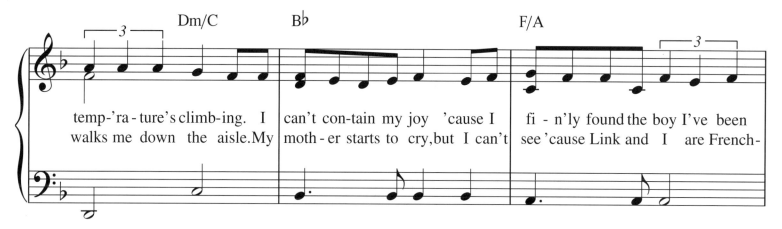

temp-'ra-ture's climb-ing. I | can't con-tain my joy 'cause I | fi - n'ly found the boy I've been
walks me down the aisle. My | moth - er starts to cry, but I can't | see 'cause Link and I are French-

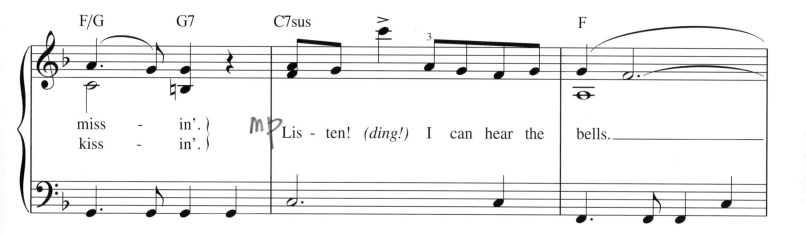

miss - in'.) *mp* Lis - ten! *(ding!)* I can hear the bells._____
kiss - in'.)

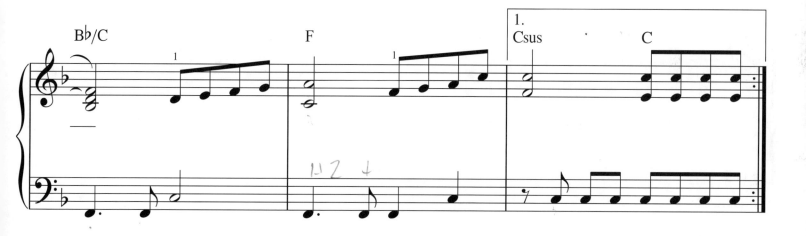

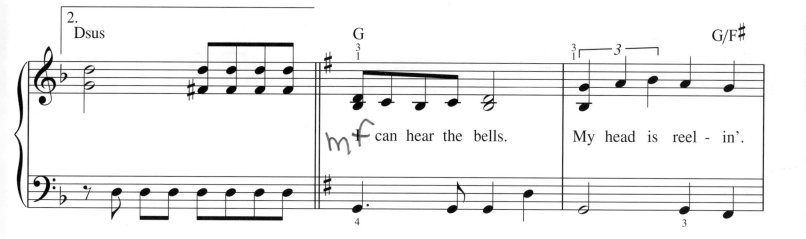

mf can hear the bells. | My head is reel - in'.

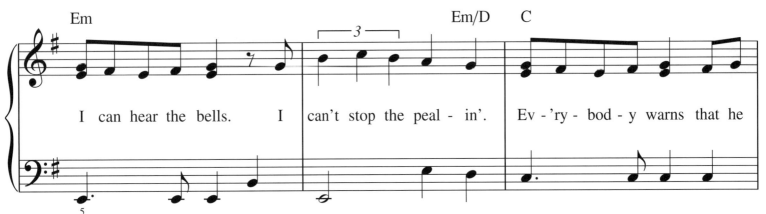

I can hear the bells.   I can't stop the peal - in'.   Ev -'ry - bod - y warns that he

won't like what he'll see,   but I know that he'll look in - side of me. Yeah,

I can hear the bells.   To - day's just the start 'cause I can hear the bells, and 'til

death do us part.__ And e - ven when we die we'll look down from up a - bove, re-

mem-ber-ing the night that we | two fell in love. We | both will share a tear, and he'll

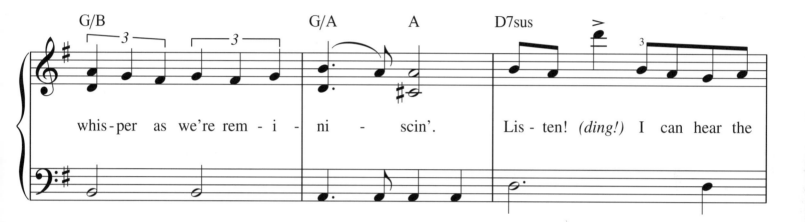

whis-per as we're rem - i - ni - scin'. | Lis-ten! *(ding!)* I can hear the

bells. ___ | I can hear ___ the bells. ___

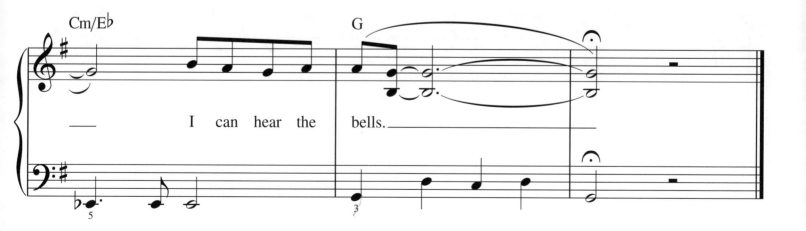

___ I can hear the | bells. ___

IT TAKES TWO

Music by MARC SHAIMAN
Lyrics by MARC SHAIMAN and SCOTT WITTMAN

'60s rhythm ballad

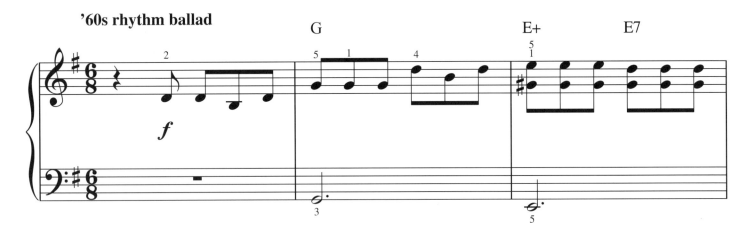

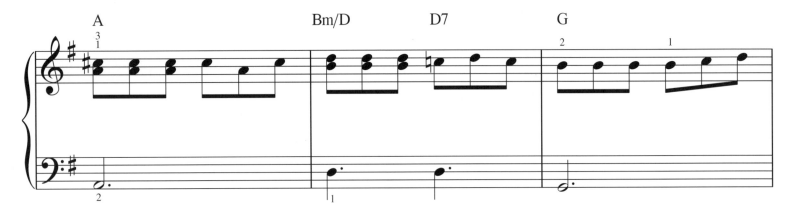

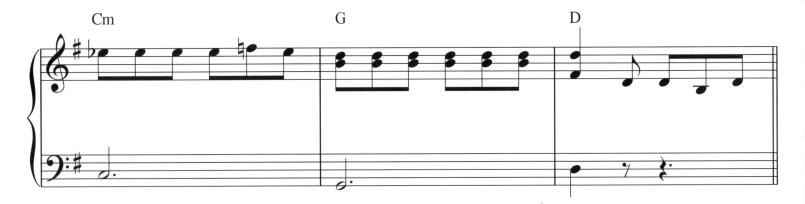

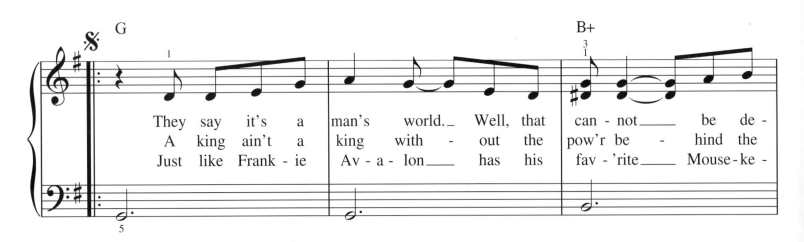

They say it's a man's world.__ Well, that can - not__ be de -
A king ain't a king with - out the pow'r be - hind the
Just like Frank - ie Av - a - lon__ has his fav - 'rite__ Mouse-ke -

nied._____
throne._____
teer._____

But what good's a man's__ world with - out a
A prince is a pau - per, babe, with - out a
I dream of a lov - er, babe, to say the

wom - an_____ by his side?_____
chick to_____ call his own._____
things I_____ long to hear._____

And so I will
So please, dar - ling,
So come clos - er,

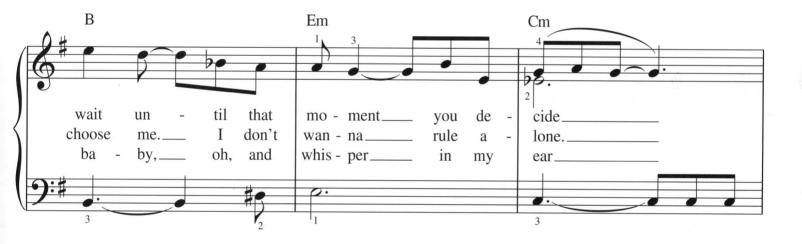

wait un - til that mo - ment____ you de - cide_____
choose me.___ I don't wan - na_____ rule a - lone._____
ba - by,___ oh, and whis - per_____ in my ear

that
Tell me
that

I'm your man and you're my girl,___ that
I'm your king and you're my queen,__ that
you're my girl and I'm your boy,___ that

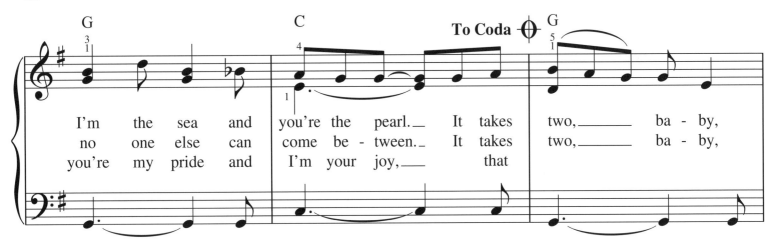

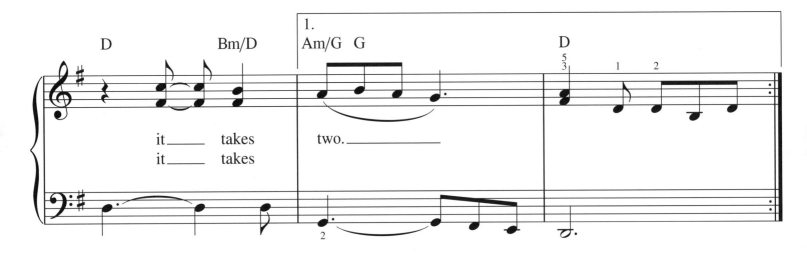

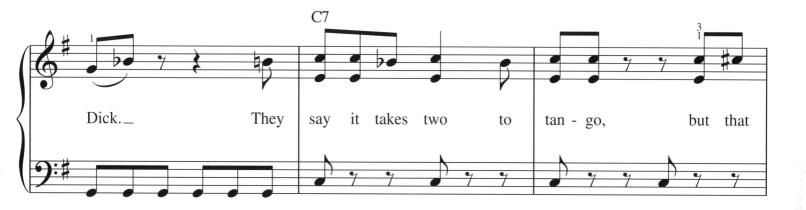

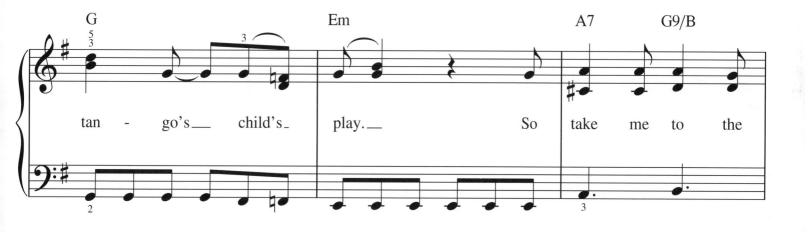

D.S. al Coda

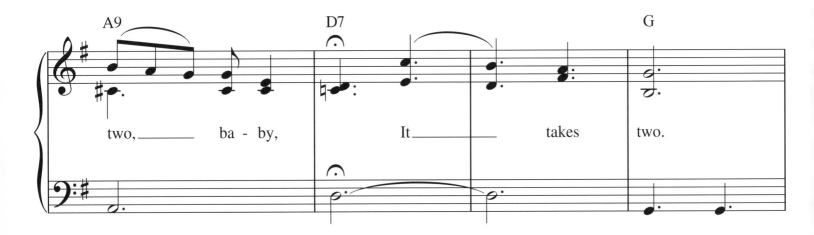

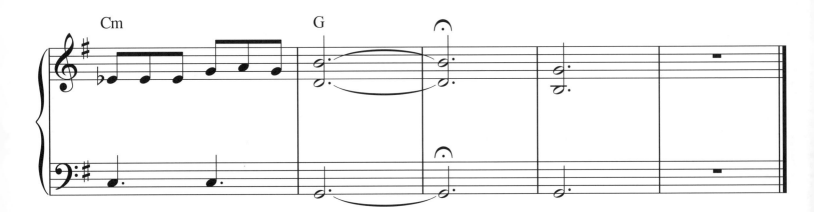

WELCOME TO THE 60'S

Music by MARC SHAIMAN
Lyrics by MARC SHAIMAN and SCOTT WITTMAN

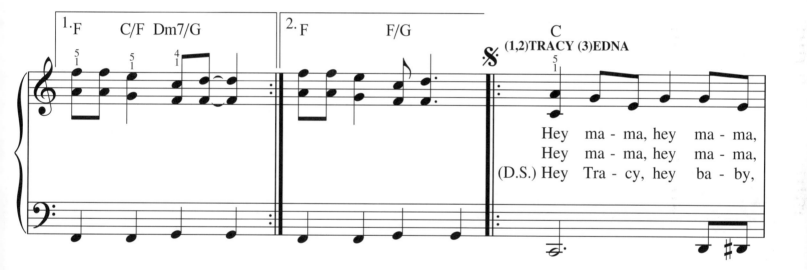

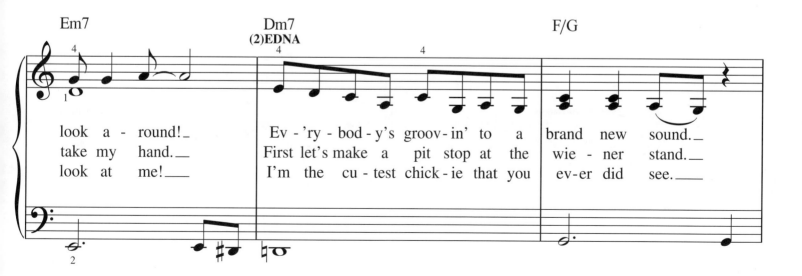

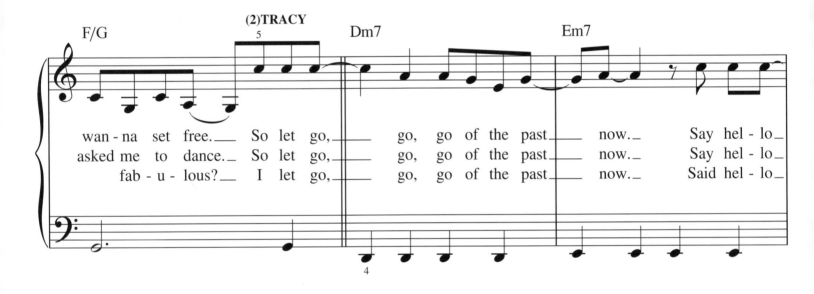

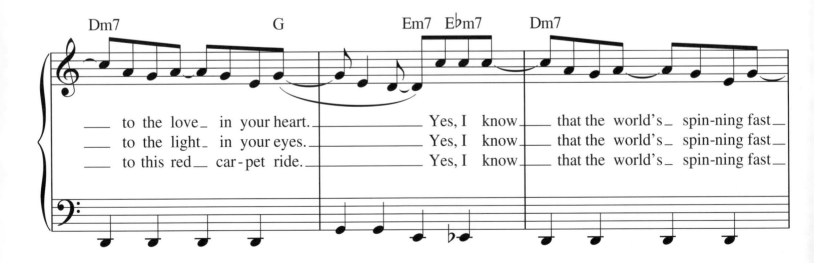

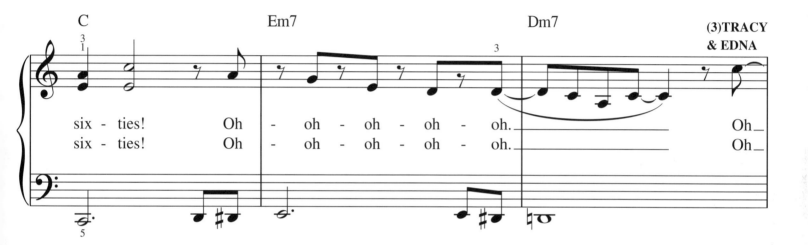

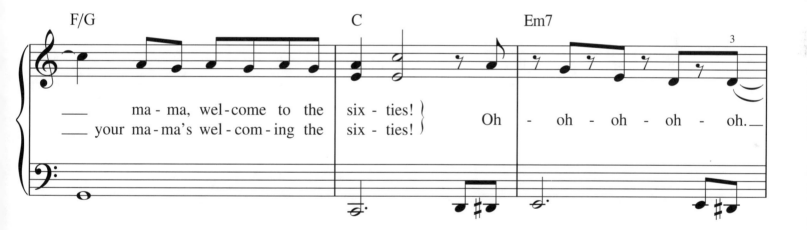

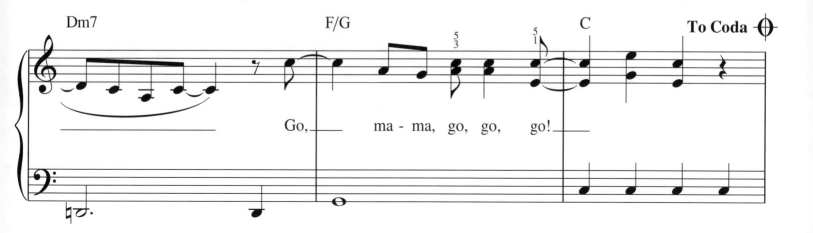

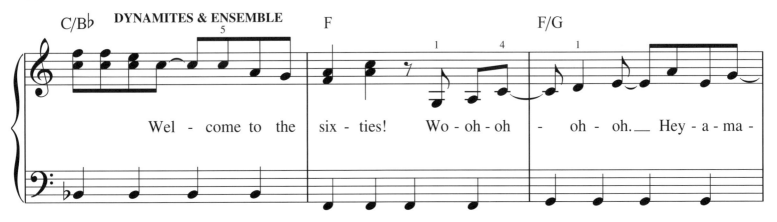

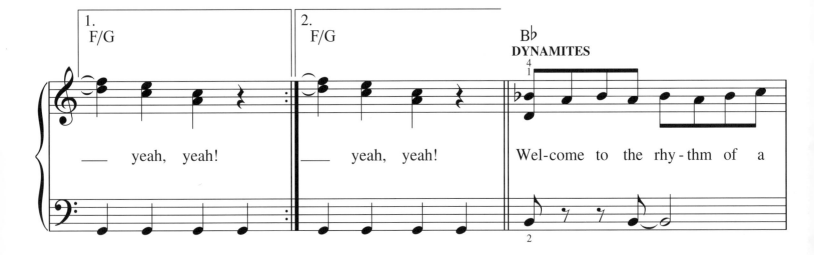

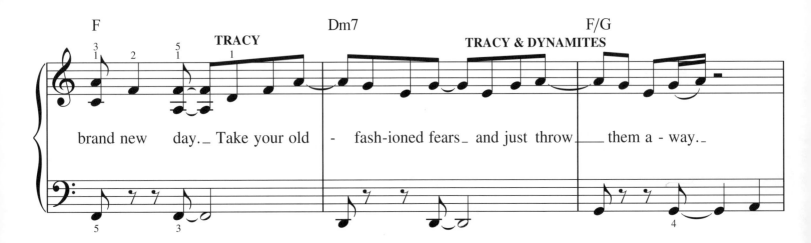

SHAYNA

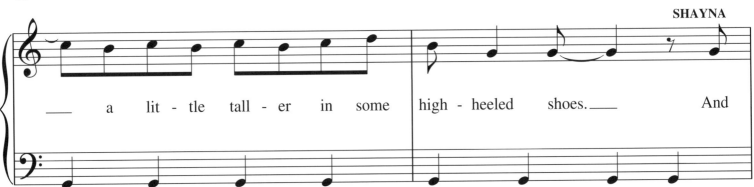

___ a lit - tle tall - er in some high - heeled shoes.___ And

A7sus

once you find the style that makes you feel like you,___ some - thing fresh___

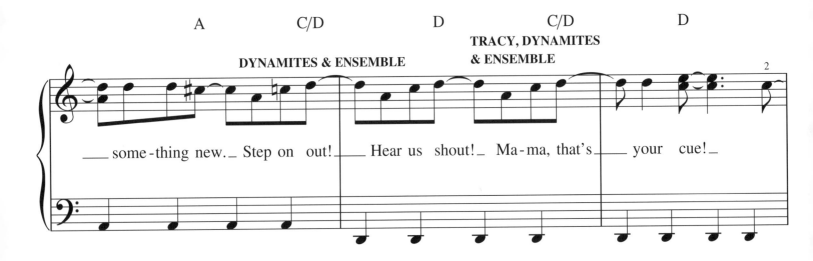

___ some - thing new.__ Step on out!__ Hear us shout!__ Ma - ma, that's___ your cue!__

DYNAMITES & ENSEMBLE

**TRACY, DYNAMITES
& ENSEMBLE**

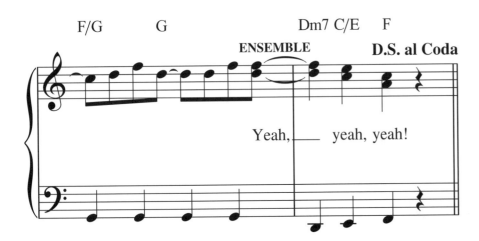

Yeah,___ yeah, yeah!

ENSEMBLE

D.S. al Coda

CODA F/G   C/G   F/G

ENSEMBLE

Wel - come to the

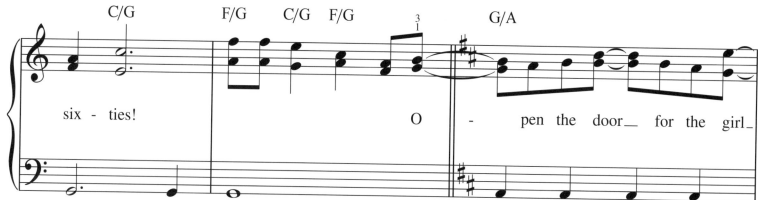

six - ties!   O -   pen the door___ for the girl___

___ who has more,___ she's a star!___   Tra - cy, go,___ go, go!___

EVERYONE

___   Hey, ma - ma, wel-come to the   six - ties!   Oh -

oh - oh - oh - oh.___   Oh,___ ma - ma, wel-come to the

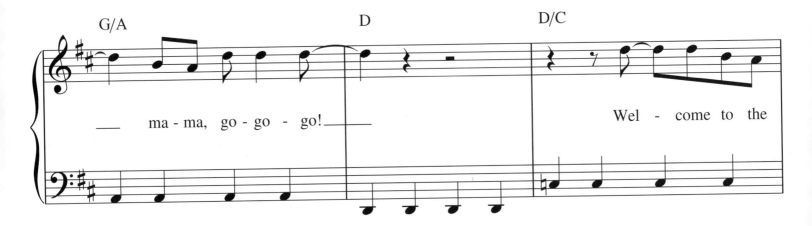

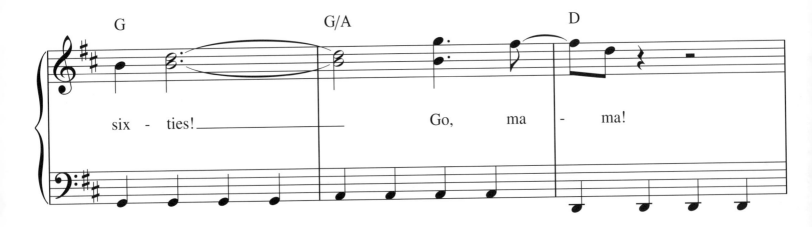

RUN AND TELL THAT

Music by MARC SHAIMAN
Lyrics by MARC SHAIMAN and SCOTT WITTMAN

Up-tempo R&B

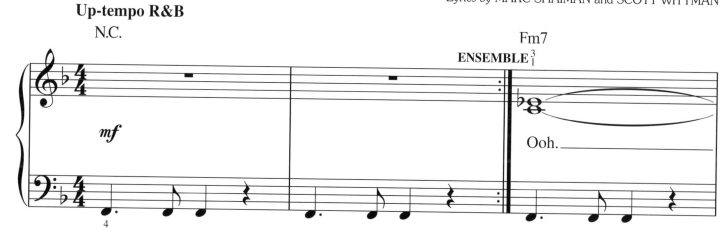

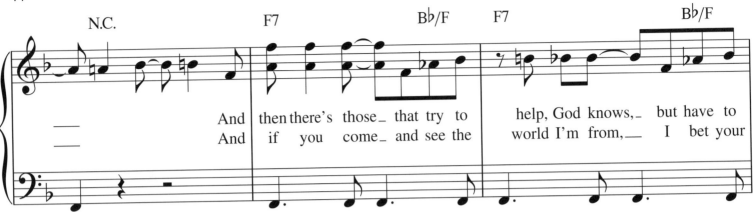

And then there's those _ that try to
And if you come _ and see the

help, God knows, _ but have to
world I'm from, _ I bet your

al-ways put me in my place. _
heart is gon-na feel it, too. _

Now I won't ask _ you to be
Yeah, I could lie, _ but, ba - by,

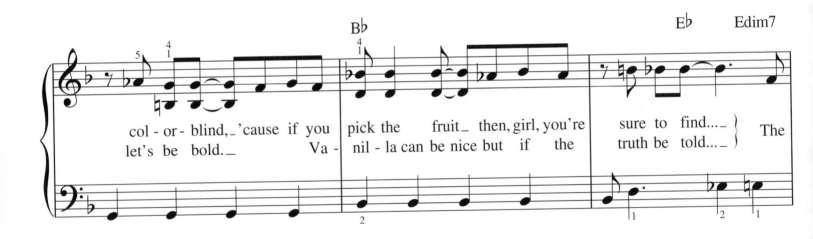

col - or - blind, _ 'cause if you
let's be bold. _ Va - nil - la can be nice but if the

pick the fruit _ then, girl, you're
sure to find.... _ } The
truth be told.... _ }

black-er the ber - ry, the sweet-er the juice. _ I could say it ain't so, _ but, dar - lin',

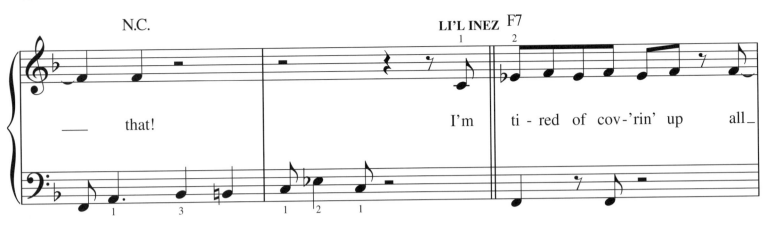

N.C.

LI'L INEZ F7

_ that! I'm ti - red of cov-'rin' up all_

SEAWEED & Gm/F
ENSEMBLE   F   LI'L INEZ

_ my pride._ So give me five on the black - hand side. I've got a

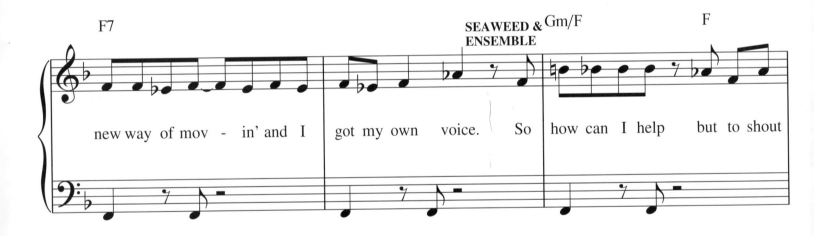

F7   SEAWEED & Gm/F
ENSEMBLE   F

new way of mov - in' and I got my own voice. So how can I help but to shout

Dm
LI'L INEZ

and re - joice? The peo - ple 'round here_ can bare - ly pay their rent._ They're

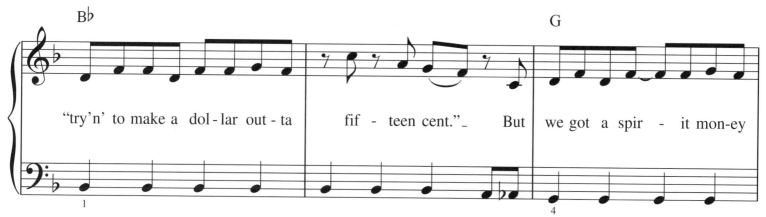

"try'n' to make a dol - lar out - ta fif - teen cent." But we got a spir - it mon - ey

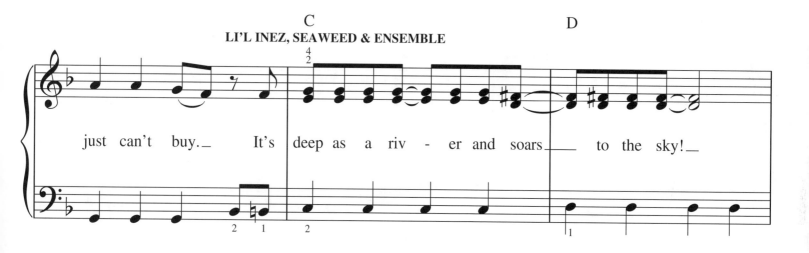

LI'L INEZ, SEAWEED & ENSEMBLE

just can't buy. It's deep as a riv - er and soars to the sky!

I can't see the rea - son it can't be the kind - a

world where we all get our chance. The time is now, and we can

show them how to turn the mu - sic up and let's all dance.___ 'Cause

all things are e - qual when it comes to love._ Well, that ain't quite true,'cause when push

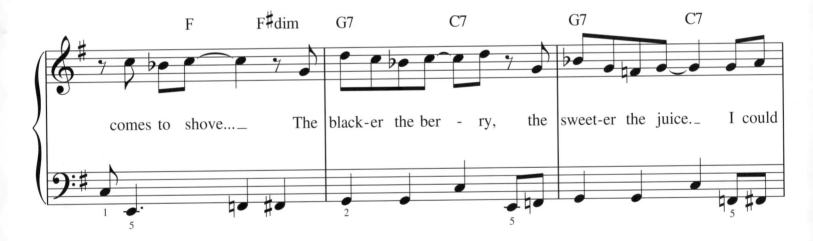

comes to shove...._ The black-er the ber - ry, the sweet-er the juice._ I could

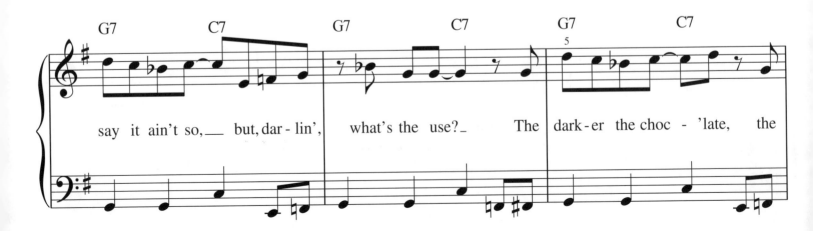

say it ain't so,___ but, dar - lin', what's the use?_ The dark-er the choc - 'late, the

BIG, BLONDE AND BEAUTIFUL

Music by MARC SHAIMAN
Lyrics by MARC SHAIMAN and SCOTT WITTMAN

one day my grand - ma who was big and stout,___ she

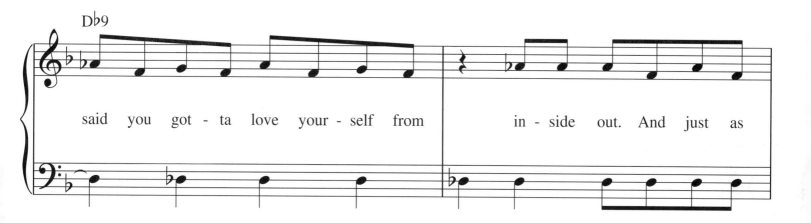

said you got - ta love your - self from in - side out. And just as

soon as I learned how to strut my fun - ky stuff___ I

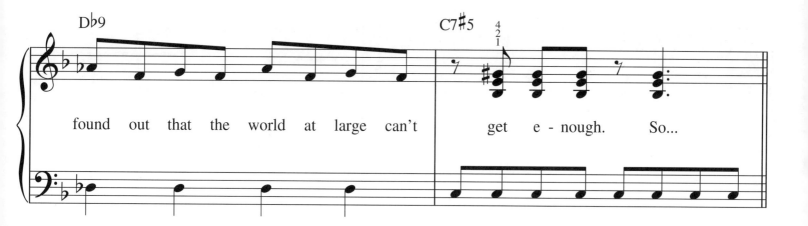

found out that the world at large can't get e - nough. So...

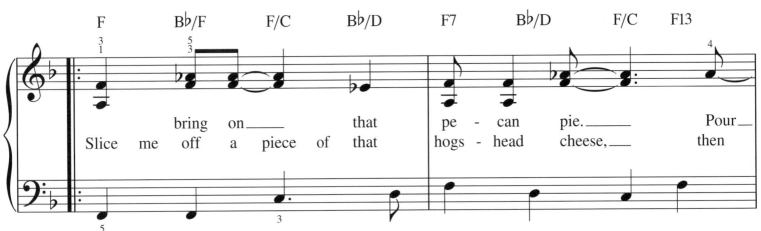

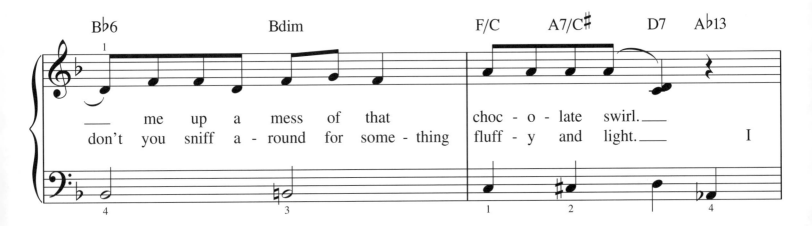

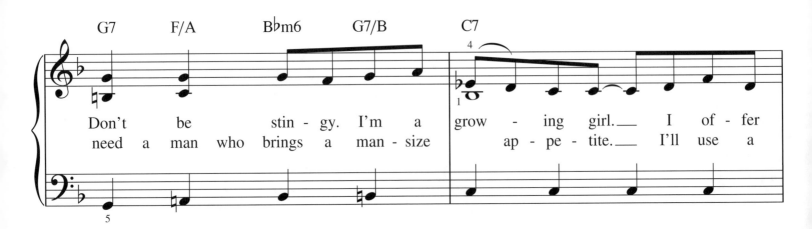

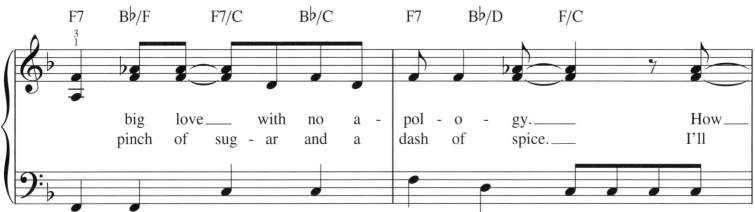

big love____ with no a - pol - o - gy.____ How____
pinch of sug - ar and a dash of spice.____ I'll

____ can I de - ny the world the most of me?____ I____
let you lick the spoon be - cause it tastes so nice.____ I'll

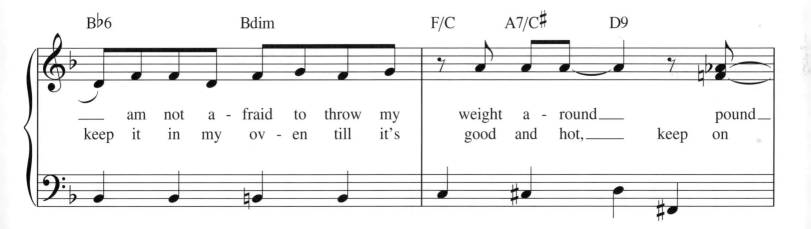

____ am not a - fraid to throw my weight a - round____ pound____
keep it in my ov - en till it's good and hot,____ keep on

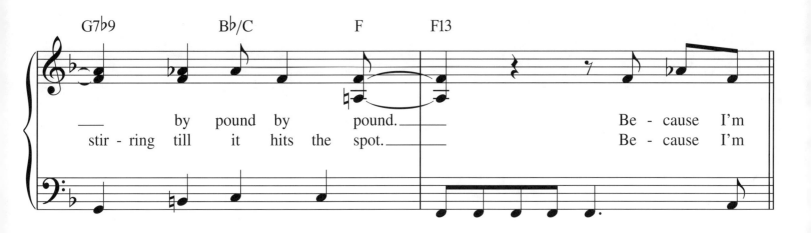

____ by pound by pound.____ Be - cause I'm
stir - ring till it hits the spot.____ Be - cause I'm

A real strut!

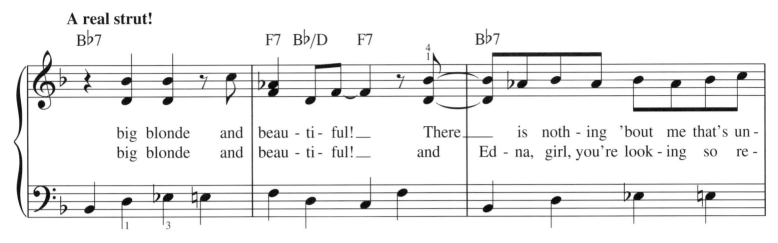

big blonde and beau - ti - ful! __ There __ is noth - ing 'bout me that's un -
big blonde and beau - ti - ful! __ and Ed - na, girl, you're look - ing so re -

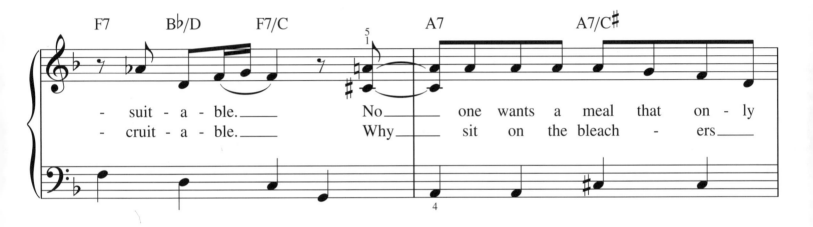

- suit - a - ble. _____ No ____ one wants a meal that on - ly
- cruit - a - ble. _____ Why ____ sit on the bleach - ers ____

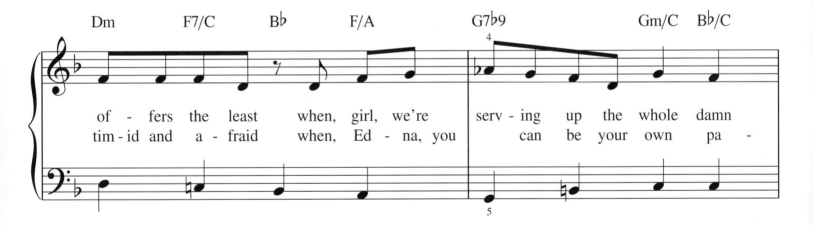

of - fers the least when, girl, we're serv - ing up the whole damn
tim - id and a - fraid when, Ed - na, you can be your own pa -

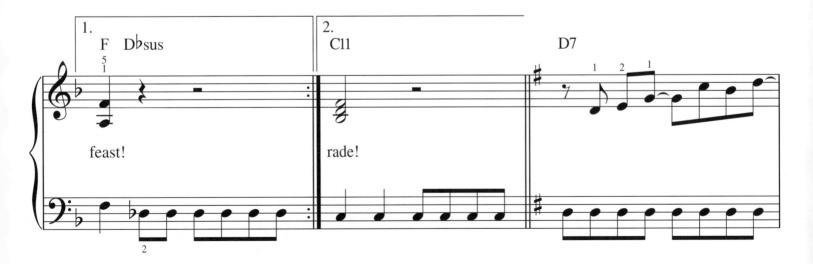

feast!

rade!

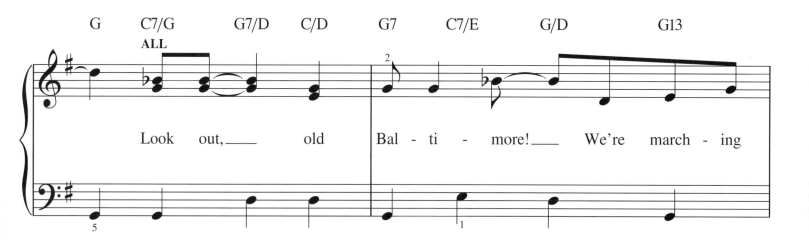

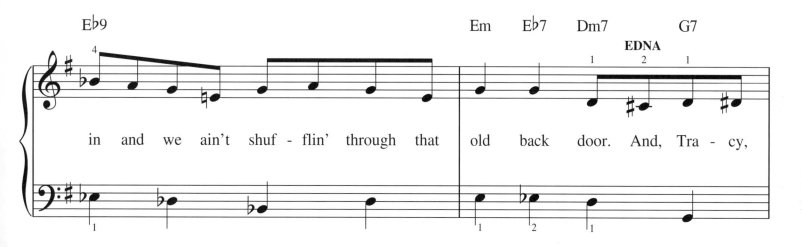

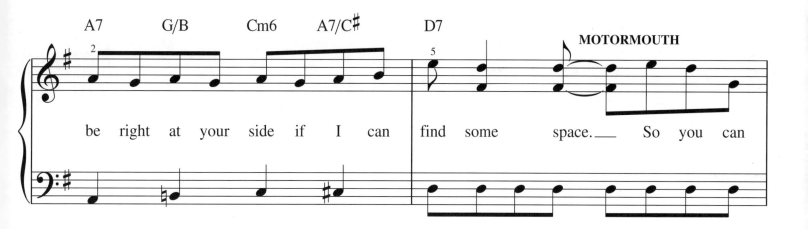

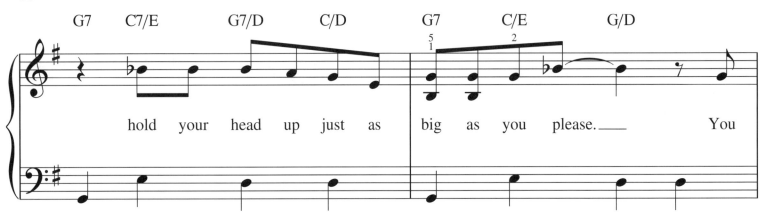

hold your head up just as big as you please.___ You

know they'll hear me knock-in' with the two of these! To-

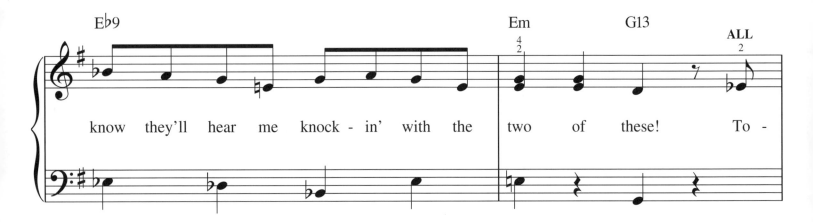

mor-row side by side we'll show the world what's right.___ Looks like I'm

touch-ing up my roots___ to-night!___ Then we'll be

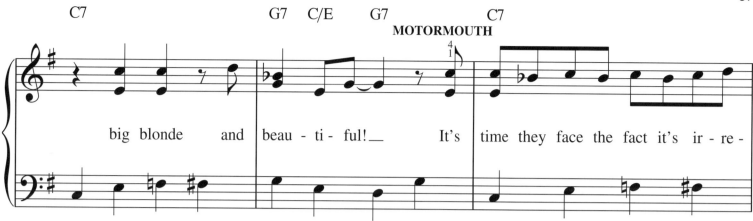

big blonde   and   beau - ti - ful!__   It's   time they face the fact it's ir - re -

- fu - ta - ble.____   Can't____   ya   hear that rum - bling? That's our

hun - ger to be free.   It's time to   fi - n'ly taste e - qual - i - ty.

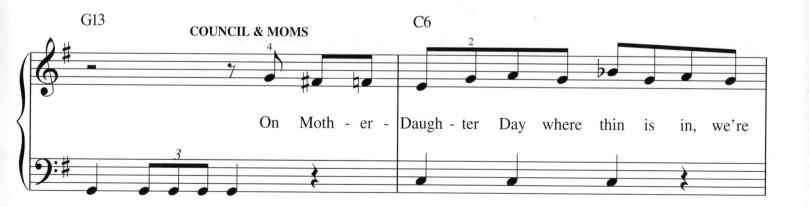

On Moth - er - Daugh - ter Day where thin is in, we're

white as wool.__ Well, la - dies big is back. And as for black, it's

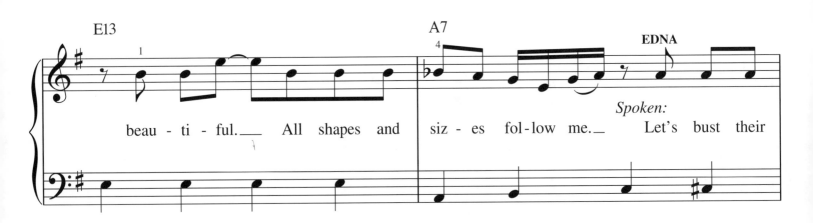

beau - ti - ful.__ All shapes and siz - es fol-low me.__ *Spoken:* Let's bust their

chops. Quick call the cops! We're gon - na *Sung:* dance our way to vic - to - ry!

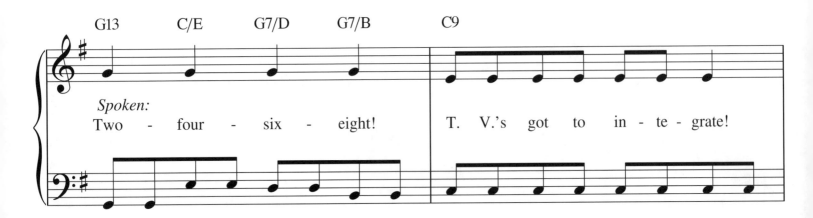

Spoken: Two - four - six - eight! T. V.'s got to in - te - grate!

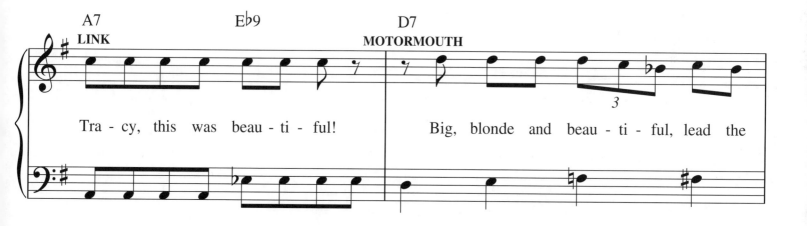

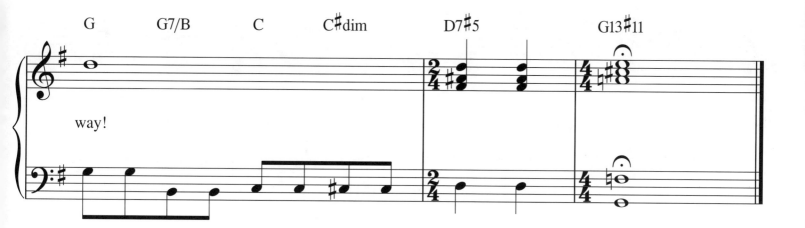

TIMELESS TO ME

Music by MARC SHAIMAN
Lyrics by MARC SHAIMAN and SCOTT WITTMAN

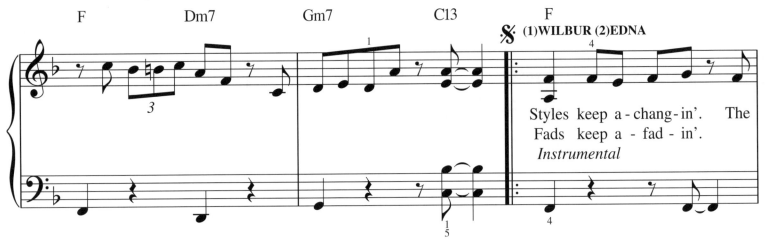

Styles keep a-chang-in'. The
Fads keep a-fad-in'.
Instrumental

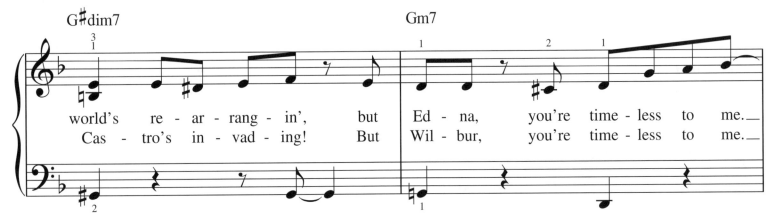

world's re-ar-rang-in', but Ed-na, you're time-less to me.__
Cas-tro's in-vad-ing! But Wil-bur, you're time-less to me.__

Hem-lines are short-er. A beer costs a quar-ter, but
Hair-dos are high-er. Mine feels like barbed wi-re, but

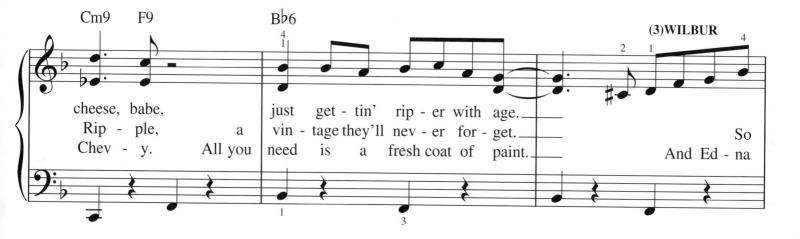

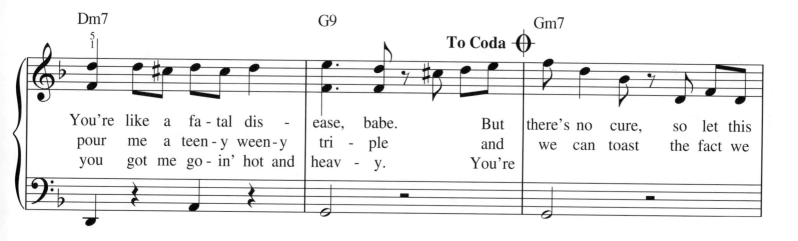

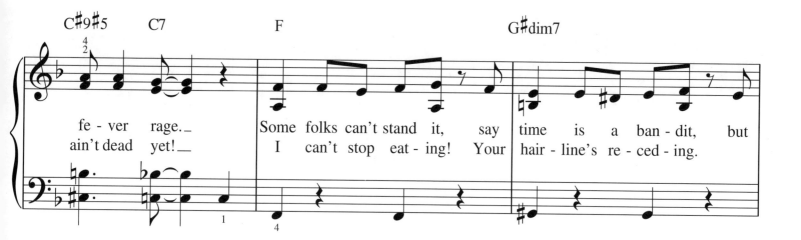

I take the op-po-site view.____ 'Cause when I need a lift, time____
Soon there'll be noth-ing at all.____ So, you'll wear a wig while

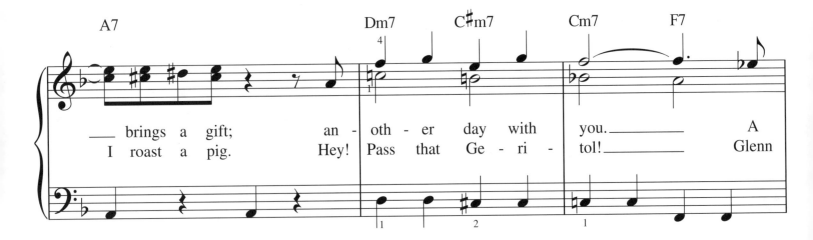

____ brings a gift; an - oth - er day with you._____ A
I roast a pig. Hey! Pass that Ge - ri - tol!_____ Glenn

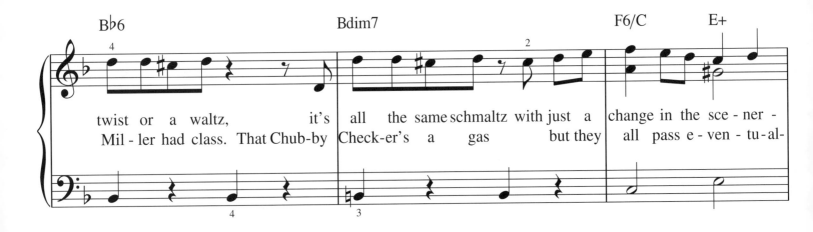

twist or a waltz, it's all the same schmaltz with just a change in the sce - ner -
Mil - ler had class. That Chub-by Check-er's a gas but they all pass e - ven - tu-al-

y. You'll nev - er be old hat. That's that! You're time-less to
ly. You'll nev - er be pas - sé. Hip-hoo-ray! You're time-less to

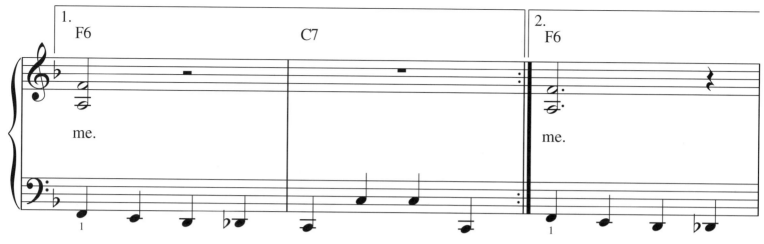

me.

me.

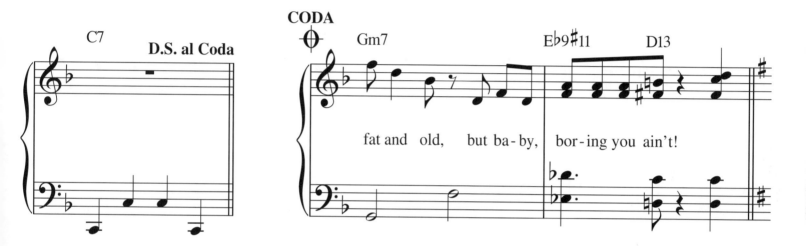

D.S. al Coda

CODA

fat and old, but ba-by, bor-ing you ain't!

BOTH

Some folks don't get it, but we nev-er fret it 'cause we know that time is our friend._

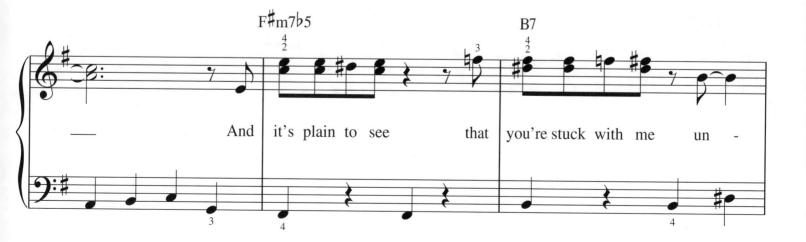

_ And it's plain to see that you're stuck with me un-

64

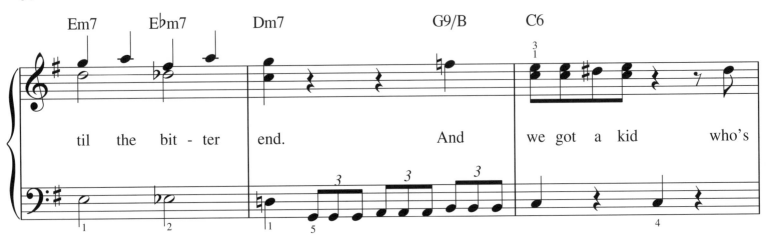

til the bit - ter end.   And   we got a kid   who's

blow - in' the lid   off the   Turn - blad fam - 'ly   tree.   You'll al - ways

EDNA

hit the spot, big shot!   You're time-less to   me.

WILBUR

You'll al - ways   be *du jour, mon a - mour.*   You're time-less to

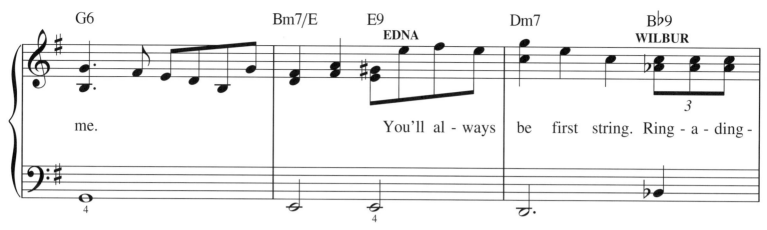

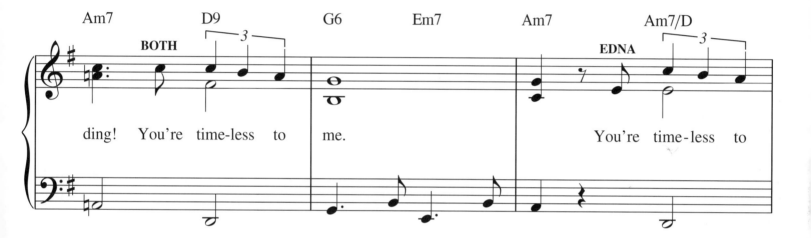

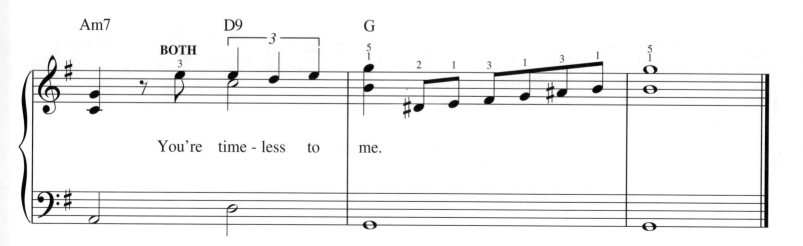

WITHOUT LOVE

Music by MARC SHAIMAN
Lyrics by MARC SHAIMAN and SCOTT WITTMAN

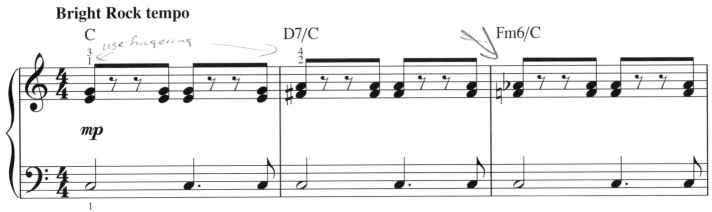

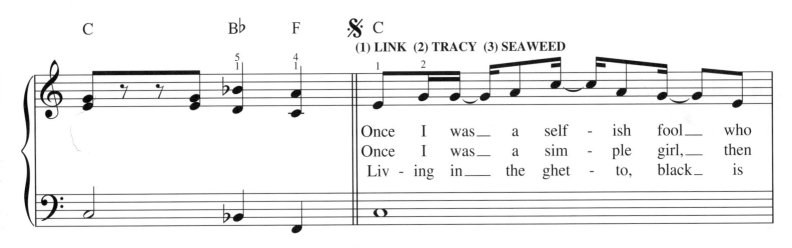

Once I was__ a self - ish fool__ who
Once I was__ a sim - ple girl,__ then
Liv - ing in__ the ghet - to, black__ is

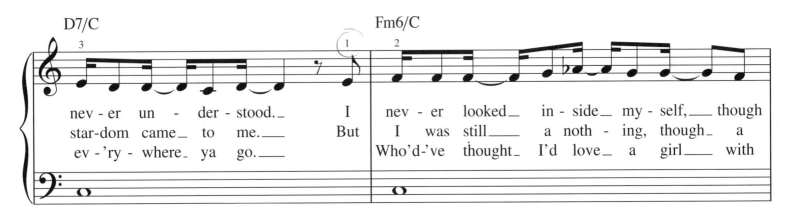

nev - er un - der - stood.__ I
star-dom came__ to me.__ But
ev - 'ry - where__ ya go.__

nev - er looked__ in - side__ my - self,__ though
I was still__ a noth - ing, though__ a
Who'd-'ve thought__ I'd love__ a girl__ with

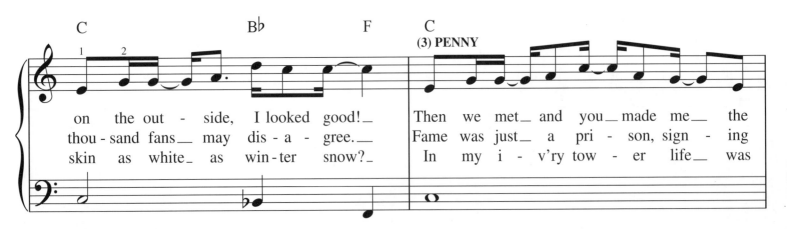

on the out - side, I looked good!__
thou - sand fans__ may dis - a - gree.__
skin as white__ as win - ter snow?__

Then we met__ and you__ made me__ the
Fame was just__ a pri - son, sign - ing
In my i - v'ry tow - er life__ was

man I am to - day.___ Tra - cy, I'm in love__ with you__ no
au - to - graphs a bore.__ I did - n't have a clue__ till you__ came
just a Host - ess snack.__ But now I've tast - ed choc - 'late and__ I'm

D7/C Fm Fm7 **To Coda I**

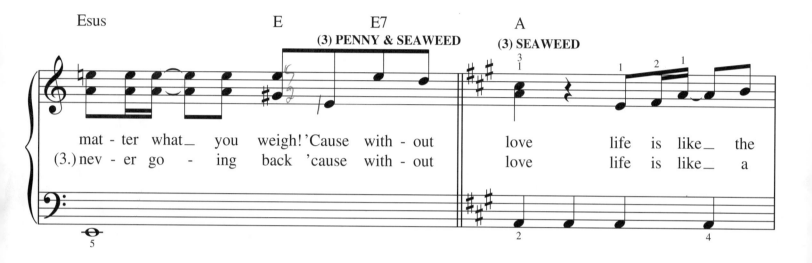

mat - ter what__ you weigh! 'Cause with - out love life is like__ the
(3.) nev - er go - ing back 'cause with - out love life is like__ a

Esus E E7 **(3) PENNY & SEAWEED** A **(3) SEAWEED**

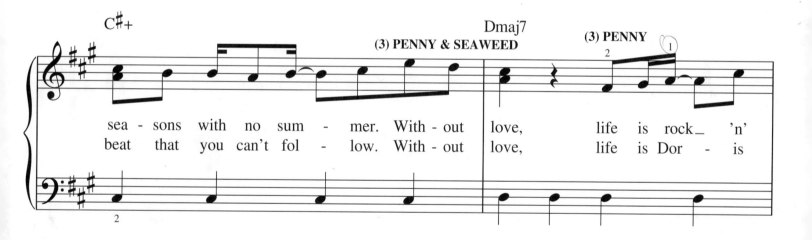

sea - sons with no sum - mer. With - out love, life is rock__ 'n'
beat that you can't fol - low. With - out love, life is Dor - is

C#+ Dmaj7 **(3) PENNY & SEAWEED** **(3) PENNY**

roll with-out__ a drum - mer. Tra - cy, I'll be yours for - ev - er 'cause I
Day at the__ A - pol - lo. Dar - ling, I'll be yours for - ev - er 'cause I

Dm Dm6 A **(3) PENNY & SEAWEED** Gmaj7 G7

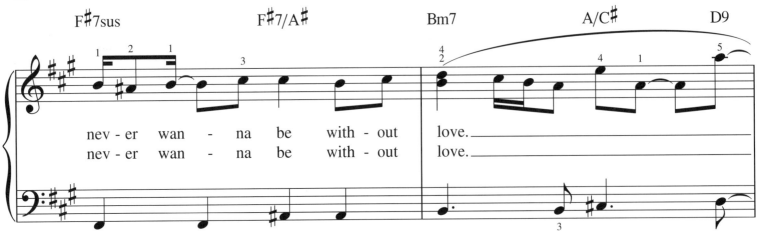

never wan - na be with - out love.
never wan - na be with - out love.

(3) SEAWEED

A

(3) PENNY & SEAWEED

____ Tra - cy, nev - er set__ me free.____ No, I ain't
____ So Dar - ling, nev - er set__ me free.____ I'm yours for -

D/A   Bm7/A   To Coda II   A   D.S. al Coda I   F   G

ly - in'. Nev - er set__ me free, Tra - cy, no, no, no.____
ev - er. Nev-er set__ me free. No,__ no, no,

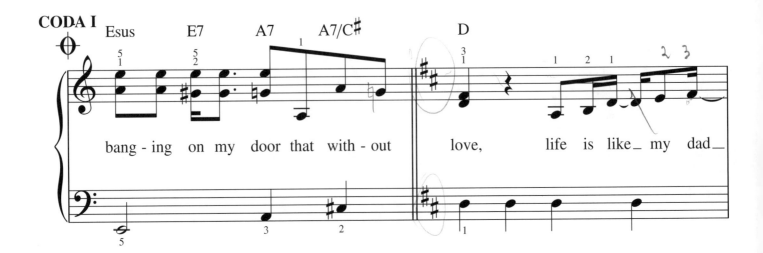

CODA I

Esus   E7   A7   A7/C#   D

bang - ing on my door that with - out love, life is like__ my dad__

with - out his Bro - mo. With - out love, life's like mak - ing out

with Per - ry Co - mo. Dar - ling, I'll be yours for-ev - er 'cause I

nev - er wan - na be with - out love.

So Dar - ling, throw a - way the key. I'm yours for - ev -

D.S. al Coda II

-er. Throw a-way the key.___ Yeah, yeah, yeah!___

no!___ If you're locked up in this pris-on, Trace,_ I

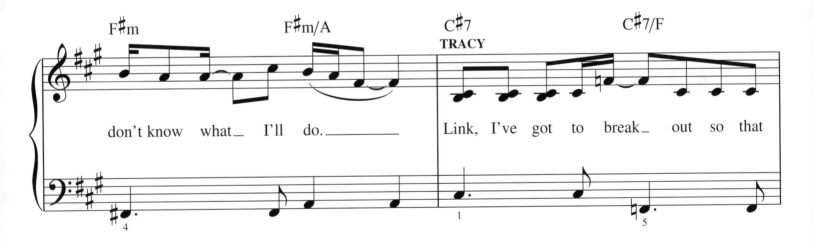

don't know what_ I'll do._____ Link, I've got to break_ out so that

I can get_ my hands on you. And girl, if I___ can't touch you now I'm

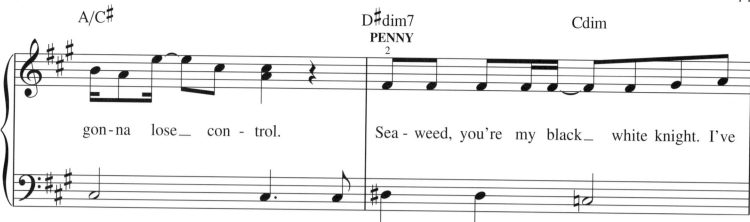

gon-na lose_ con - trol.

Sea - weed, you're my black_ white knight. I've

found my blue-eyed soul._ Sweet free-dom is___ our goal!

Trace, I wan-na kiss_ ya! Then I can't wait for pa - role! 'Cause with - out

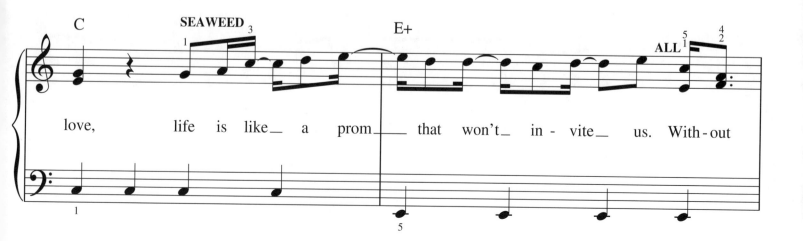

love, life is like_ a prom___ that won't_ in - vite_ us. With-out

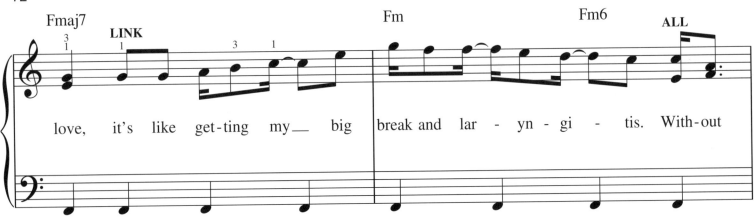

love, it's like get-ting my ___ big break and lar - yn - gi - tis. With-out

love, life's a "for - ty - five" when you ___ can't buy ___ it. With-out

love, life is like ___ my moth-er on ___ a di - et. Like a

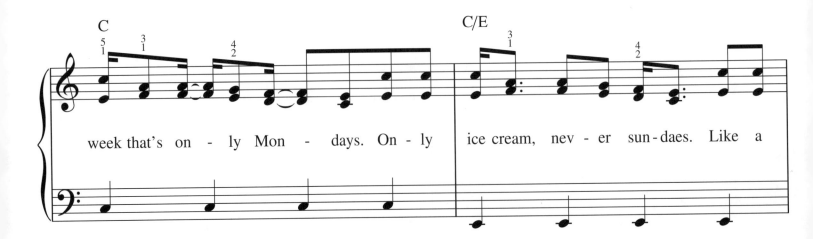

week that's on - ly Mon - days. On - ly ice cream, nev - er sun-daes. Like a

cir - cle with_ no cen - ter. Like a door marked "Do Not En - ter!" Dar - ling,

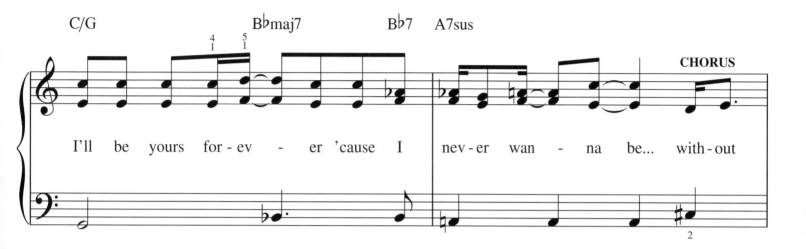

I'll be yours for - ev - er 'cause I nev - er wan - na be... with - out

CHORUS

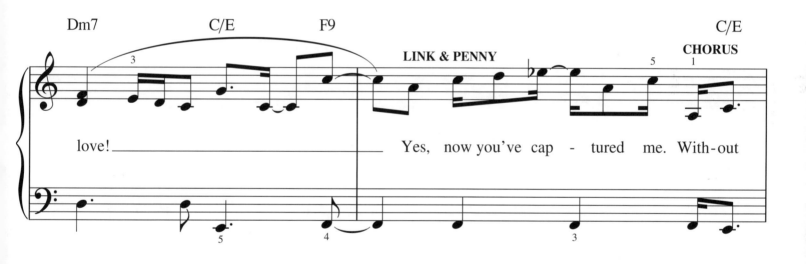

love!_____ Yes, now you've cap - tured me. With - out

LINK & PENNY

CHORUS

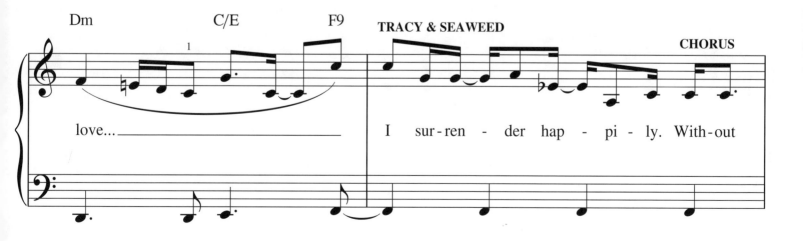

love..._____ I sur - ren - der hap - pi - ly. With - out

TRACY & SEAWEED

CHORUS

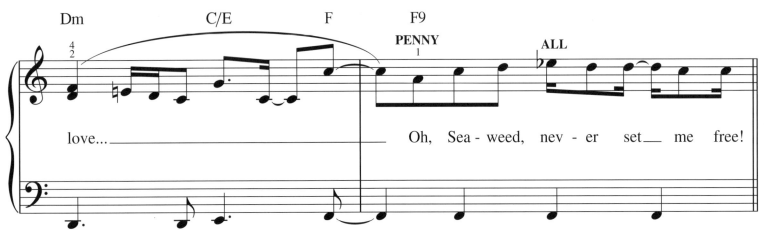

love... Oh, Sea - weed, nev - er set ___ me free!

No, no, no! No, I ain't ly - in'! Nev - er set ___ me free! ___ No, no,

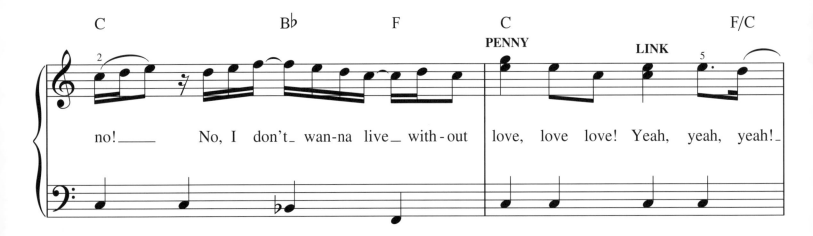

no! ___ No, I don't ___ wan-na live ___ with-out love, love love! Yeah, yeah, yeah! ___

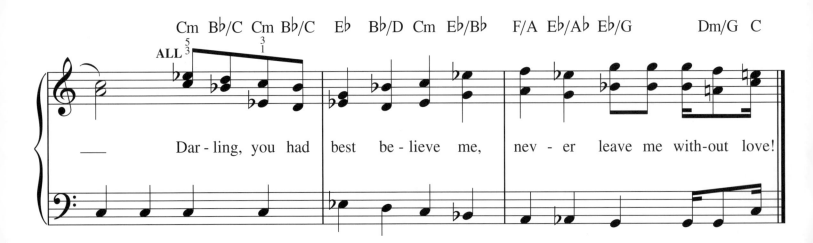

___ Dar - ling, you had best be - lieve me, nev - er leave me with-out love!

I KNOW WHERE I'VE BEEN

Music by MARC SHAIMAN
Lyrics by MARC SHAIMAN and SCOTT WITTMAN

Gospel Ballad tempo

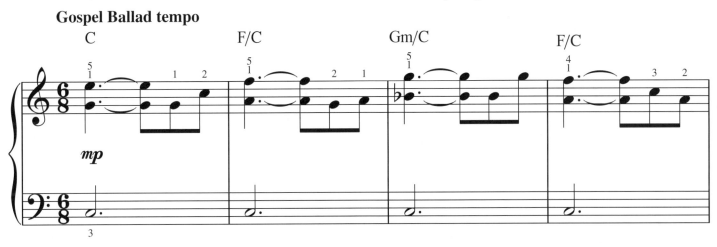

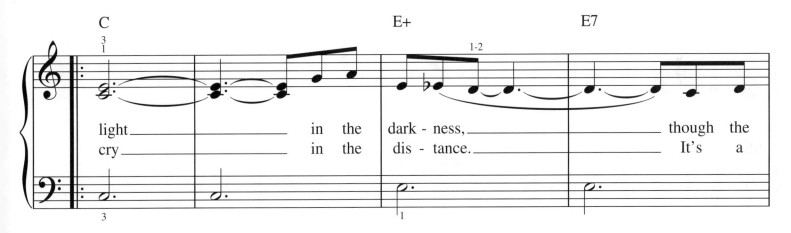

MOTORMOUTH

There's a

light_____ in the dark - ness,_____ though the
cry_____ in the dis - tance._____ It's a

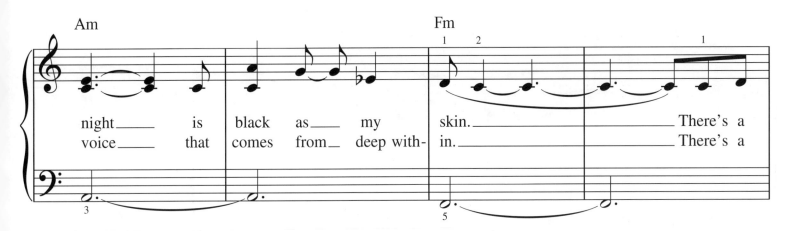

night_____ is black as_____ my skin._____ There's a
voice_____ that comes from__ deep with- in. There's a

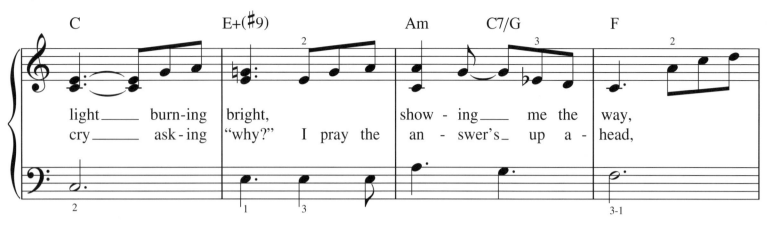

light___ burn-ing bright, show-ing___ me the way,
cry___ ask-ing "why?" I pray the an-swer's_ up a- head,

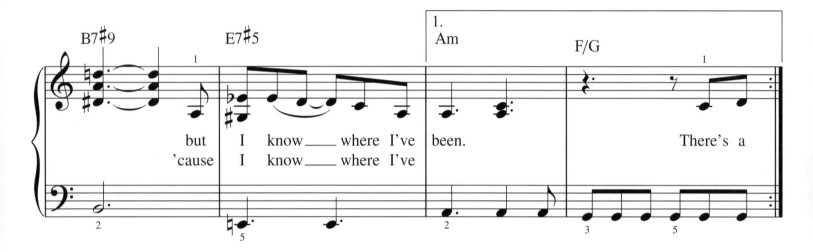

but I know___ where I've been.
'cause I know___ where I've

There's a

been.

There's a road we've been

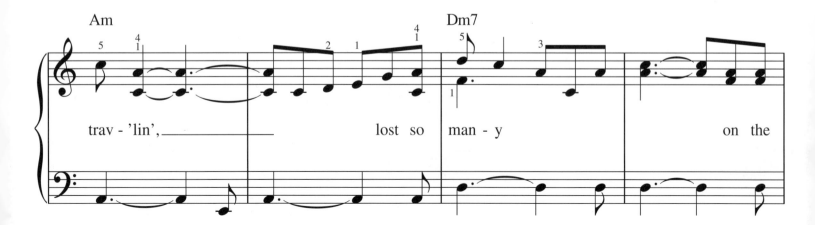

trav-'lin',_____ lost so man-y on the

way. But the rich - es will be

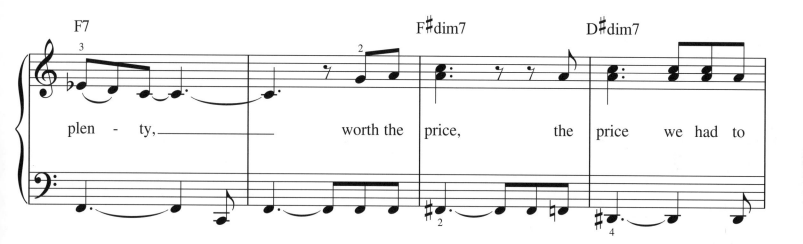

plen - ty, worth the price, the price we had to

pay. There's a dream in the

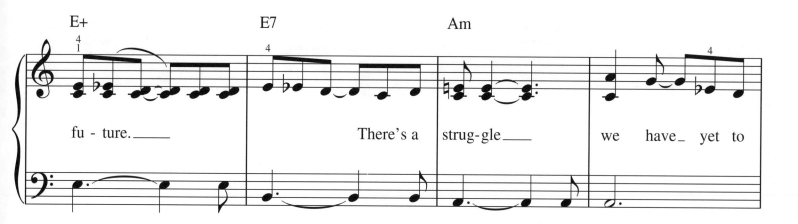

fu - ture. There's a strug-gle we have yet to

win. And there's pride___ in my heart___ 'cause

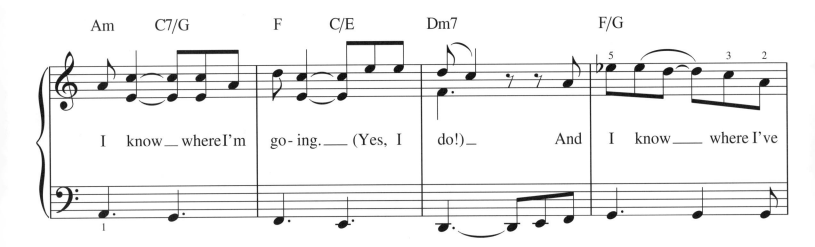

I know___ where I'm go-ing.___ (Yes, I do!)___ And I know___ where I've

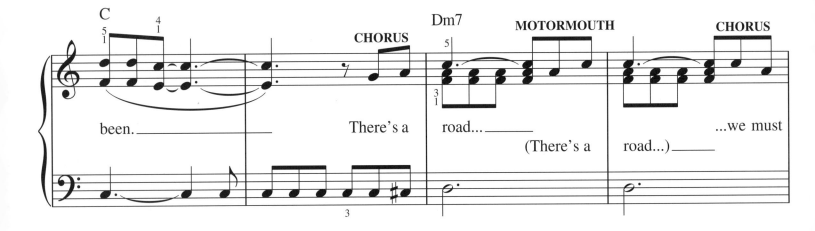

been.___ There's a road...___ There's a road...)___ ...we must

CHORUS **MOTORMOUTH** **CHORUS**

trav - el.___ ...we must trav - el.)___ There's a prom - ise...___ (There's a

MOTORMOUTH **CHORUS** **MOTORMOUTH**

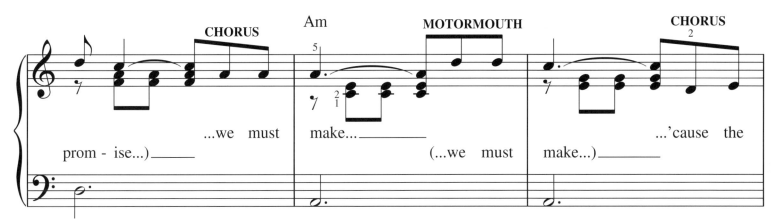

CHORUS   Am   MOTORMOUTH   CHORUS

...we must   make...   ...'cause the

prom - ise...)_____   (...we must   make...)_____

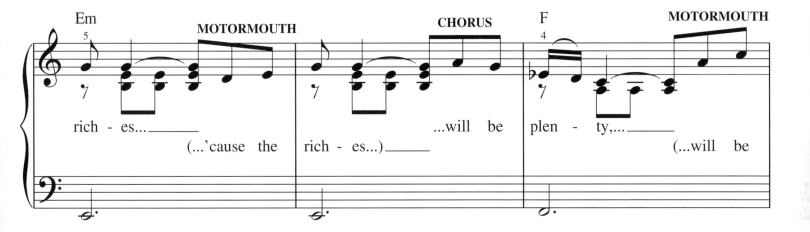

Em   MOTORMOUTH   CHORUS   F   MOTORMOUTH

rich - es..._____   ...will be   plen - ty,..._____

(...'cause the   rich - es...)_____   (...will be

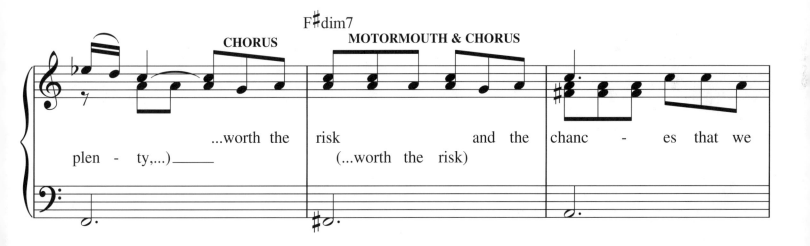

F#dim7   CHORUS   MOTORMOUTH & CHORUS

...worth the   risk   and the   chanc - es that we

plen - ty,...)_____   (...worth the risk)

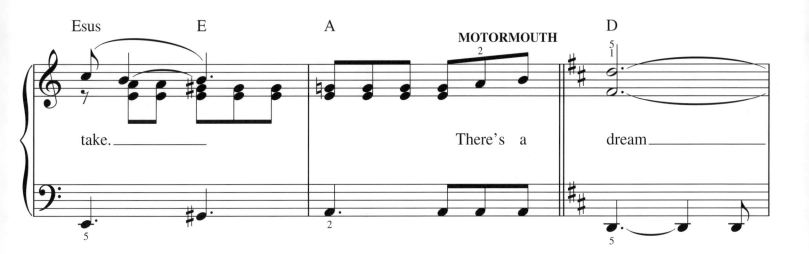

Esus   E   A   MOTORMOUTH   D

take._____   There's a   dream_____

in the fu - ture. _____ There's a

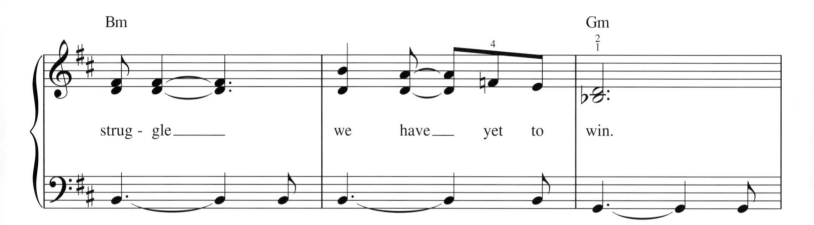

strug - gle_____ we have___ yet to win.

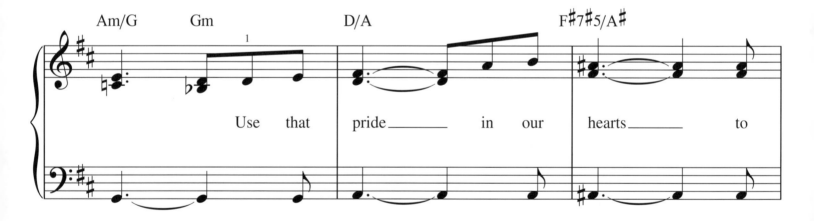

Use that pride_____ in our hearts_____ to

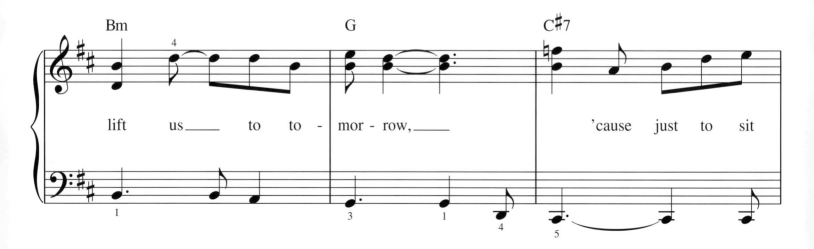

lift us___ to to - mor - row,_____ 'cause just to sit

F#7#5   Bm   Bm/A   F#m7

still would_ be a si - in. (I know it, I know it, I know where I'm

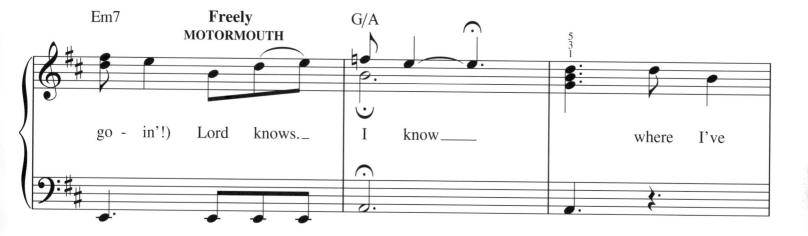

Em7   **Freely**   **MOTORMOUTH**   G/A

go - in'!) Lord knows._ I know____ where I've

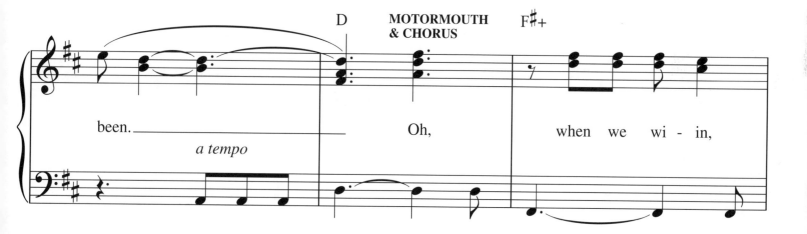

D   **MOTORMOUTH & CHORUS**   F#+

been._____ *a tempo* Oh, when we wi - in,

G   Gm/B♭   C   D

I'll give thanks to my God 'cause I know where I've been!

YOU CAN'T STOP THE BEAT

Music by MARC SHAIMAN
Lyrics by MARC SHAIMAN and SCOTT WITTMAN

Brisk and exultant

(1)TRACY (2)PENNY (3)EDNA

- sons, girl, but you know___ you nev - er will.___ And you can
___ of time, but ya know___ it just can't be.___ And if they
___ and fork when I see___ a Christ - mas ham.___ So if you

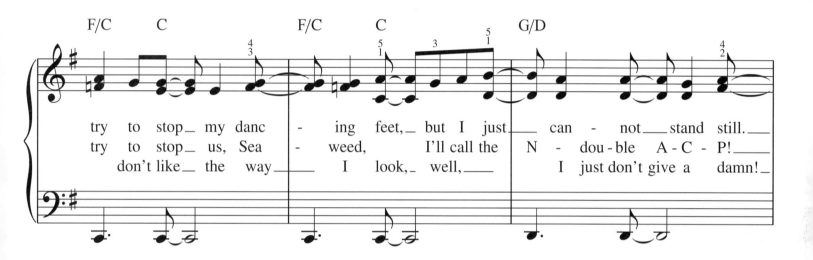

F/C   C   F/C   C   G/D

try to stop__ my danc - ing feet,_ but I just___ can - not___ stand still.
try to stop__ us, Sea - weed,   I'll call the N - dou - ble A - C - P!___
don't like__ the way___ I look,_ well,___ I just don't give a damn!

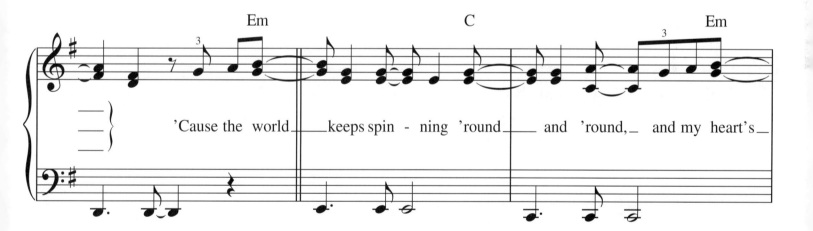

Em   C   Em

'Cause the world___ keeps spin - ning 'round___ and 'round,_ and my heart's_

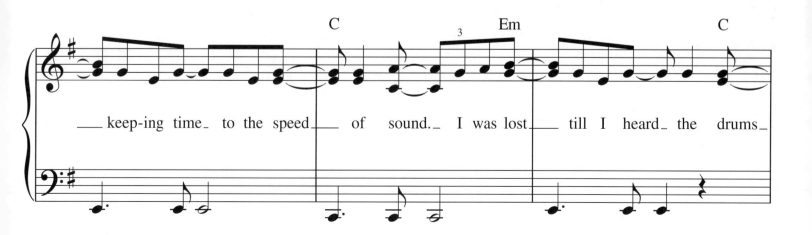

C   Em   C

___ keep-ing time_ to the speed___ of sound._ I was lost___ till I heard_ the drums_

84

_____ then I found_ my way_____ 'cause you can't stop the beat!_

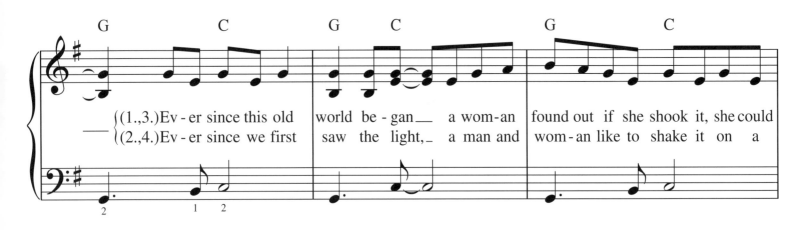

((1.,3.)Ev - er since this old world be - gan_ a wom-an found out if she shook it, she could
((2.,4.)Ev - er since we first saw the light,_ a man and wom-an like to shake it on a

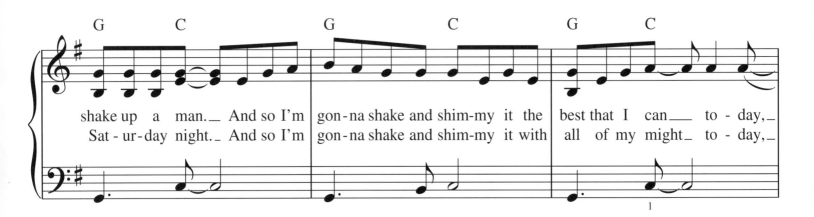

shake up a man._ And so I'm gon-na shake and shim-my it the best that I can_ to - day,_
Sat - ur-day night._ And so I'm gon-na shake and shim-my it with all of my might_ to - day,_

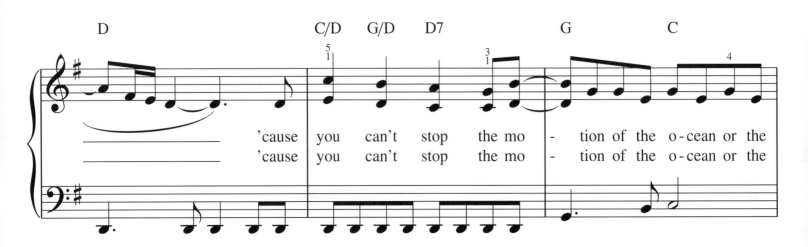

_____ 'cause you can't stop the mo - tion of the o-cean or the
_____ 'cause you can't stop the mo - tion of the o-cean or the

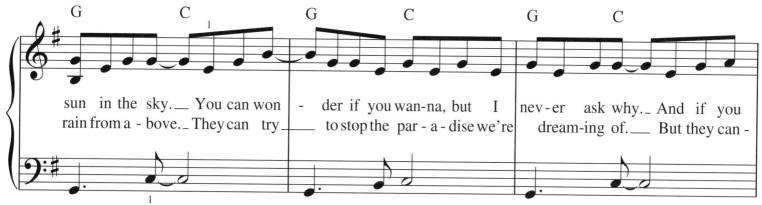

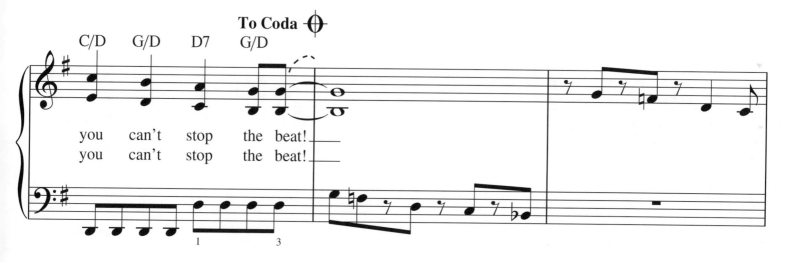

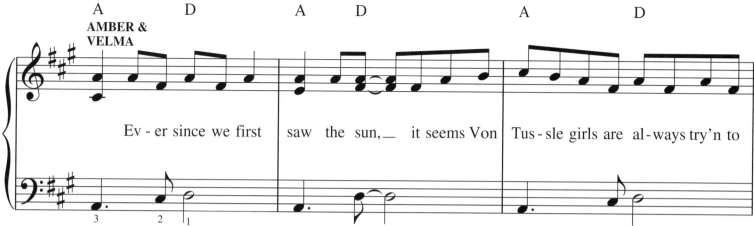

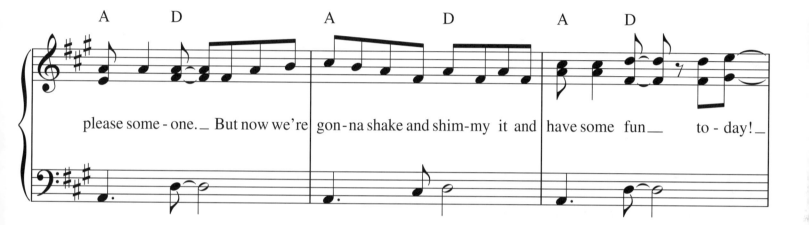

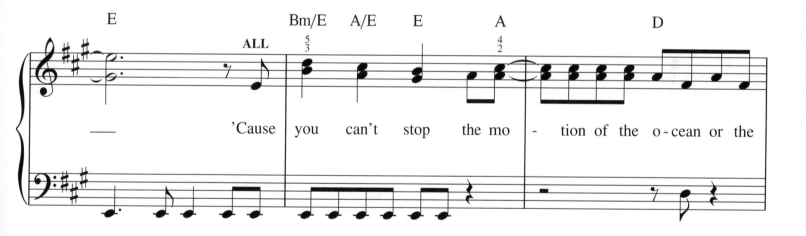

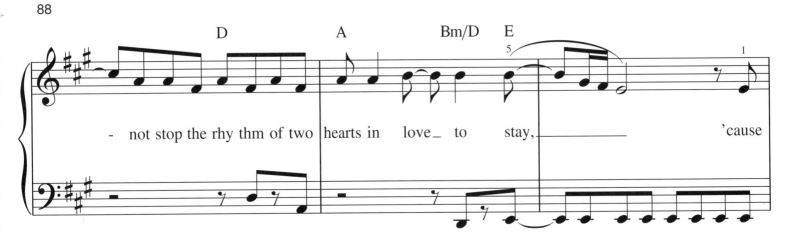

not stop the rhy thm of two | hearts in love__ to stay,_____ 'cause

you can't stop the beat!__ You can't stop the beat!__

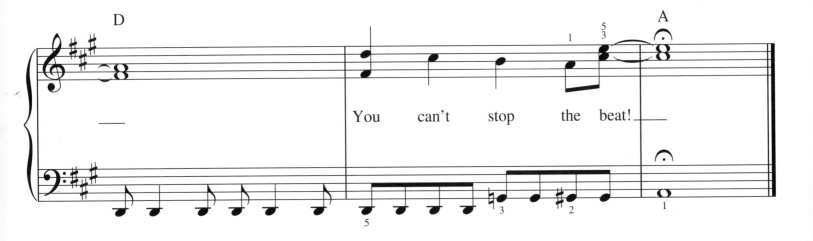

__ You can't stop the beat!__

Additional Lyrics

MOTORMOUTH:

4. Oh, oh, oh, you can't stop today
As it comes speeding down the track.
Child, yesterday is hist'ry and it's never coming back
'Cause tomorrow is a brand new day
And it don't know white from black,